中外巨人传

顾 恺 之

王梅青 著

辽海出版社

图书在版编目（CIP）数据

顾恺之 / 王梅青著 . — 沈阳：辽海出版社，
2012.5 （2019.1 重印）
ISBN 978-7-5451-1171-2

Ⅰ . ①顾… Ⅱ . ①王… Ⅲ . ①顾恺之（约 345–约
409）—生平事迹 Ⅳ . ① K825.72

中国版本图书馆 CIP 数据核字（2019）第 024779 号

责任编辑：柳海松
责任校对：顾　季
装帧设计：马寄萍

出 版 者：辽海出版社
　　　　地　址：沈阳市和平区十一纬路 25 号
　　　　邮　编：110003
　　　　电　话：024-23284473
　　　　E-mail:dyh550912@163.com
印 刷 者：天津海德伟业印务有限公司
发 行 者：辽海出版社

幅面尺寸：165mm×230mm
印　张：13
字　数：146 千字

出版时间：2012 年 5 月第 1 版
印刷时间：2019 年 1 月第 4 次印刷
定　价：29.80 元

● 目 录 ●

前 言

顾恺之（348—409），我俚（无锡话、即咱们）无锡人。

顾恺之是公元四世纪中叶、五世纪初，我国东晋时期伟大的现实主义画家。也是历史上既留有画迹，又传下绘画理论的千古第一人。

顾恺之是在美学领域中最早、最系统地提出"传神论"思想的人。他的这一创举，不仅始终指导着他自己的艺术创作和艺术评论，并取得了史无前例的巨大成功；同时也给后来的中国绘画创作开辟了全新的途径和广阔的前景。成为了世界历史上最具生命力的美学理论命题。

顾恺之的名字在中国绘画史上犹如一盏暗夜中的明灯，照亮着中国绘画发展的正确道路，历一千六百多年而不衰，至今仍然放射出灼灼光辉！

本书共分十六章节，写作的内容是这样一条思路：

梁溪望族。主要介绍顾恺之的出生和家世背景。以及他的生卒年考和他在无锡民间的一些传说。

金陵耀辉。介绍他到了当时的都城——建康后，在瓦官寺画

《维摩诘像》和去桓温处当大司马参军，以及后来结识殷仲堪、桓玄的故事。

虎头"三绝"。写顾恺之在"才绝"、画绝、痴绝方面的表现。特别是在文学和书艺创作中的成就；顾恺之在画画方面的趣闻逸事和顾恺之洒脱、真挚、诙谐和有点"狡黠"的性格方面的故事。

对于顾恺之画的《维摩诘像》《女史箴图卷》《洛神赋图卷》以及《列女仁智图卷》的创作情况、内容和现状，书中作了重点介绍。

历史上对顾恺之作品的相关著述，作了扼要介绍。而对曾经流传下的顾恺之作品，作了"就题论题"的探讨。

顾恺之的美学思想、绘画理论、艺术风格，和一千六百多年来对顾恺之的评价情况，以及顾恺之的历史地位和对后世的影响，也都作了介绍。至于对顾恺之美学理论问题的探讨，因本书不是学术专著，所以也只作提纲要领的叙述。

对于尚存的一些疑案，1. 新旧家谱增疑案。2. 今日何处寻顾墓？作了特别探讨。

书中另加了附录：顾恺之年表。

本书对有关顾恺之的生卒年、"师卫协"、淮水北是否是淮北？扬州刺史府是否在扬州等？那些人云亦云，不加细究的问题，都作了较详细说明或注明。

由于顾恺之离我们的时代已经非常久远，他的很多资料，已经湮灭在了历史的长河中。侥幸逃过种种劫难的残文，有的一篇文章仅剩几个字，其中含意都难以捉摸。而他的绘画作品除了散见的各种文字记载外，就是寥若晨星的临摹品。

由于资料的缺乏，要以"无一字无来处"，无一事无根据的原则来书写本书，确是十分困难。尤其是一些民间传说，一千多年，口口相传，是耶？非耶？都很难说，我们都一一录入并加以说明。

本书的写作过程参考了很多的资料。尤其得益于前辈老先生们的一些有关顾恺之的研究专著，如傅抱石、潘天寿、俞剑华和温肇桐等先生的著作。在这里首先要向他们表示由衷的感谢。

一、梁溪望族

顾恺之，字长康，小名虎头，晋陵无锡人。晋陵，就是现在的常州市，当时无锡是属于晋陵郡管辖。顾恺之父亲顾悦之，当时任无锡县令，后来也就定居于此。顾恺之即出生在这个地方，所以历史上称他为“晋陵无锡人”。

1. 虎头生梁溪

虎头，是顾恺之的小名。无锡人都是喜欢以“虎头”来昵称顾恺之。顾恺之对于无锡，也是情意无限。他生于斯，长于斯，最后叶落归根，他的墓地，也就选择了在无锡的西水关东的将军堰桥西北岸。

无锡的别称很多，如西神、金匮、梁溪等，其中以梁溪最为著名。

无锡是个好地方。她北望长江，南临太湖，西枕龙山，东面则是广袤的原野。太湖山长水阔，包吴孕越，壮阔与秀丽并存。惠泉山为九龙山余脉，山有九峰，起伏如龙；树木葱茏，泉清石古，幽雅和闲静一体。无锡城东有泰伯渎，西面有梁溪河，日夜川流，润泽着无锡的土地，孕育着无锡的文化。

据说泰伯渎就是当时在陕西一带的周太王长子泰伯，于公元前十一世纪的商代末年，为让王位给三弟季历，他即与其二弟仲雍，假称为父亲采药，奔至当年的荆蛮——江南，定居于无锡梅里（即今无锡的梅村）。为根除水患，兴修水利，他亲率当地百姓，开凿成了一条江南最早的人工运河——浍渎。为纪念这位开发江南的先驱者，后人改名为"泰伯渎"。

后来泰伯与仲雍在他父亲死后，又去陕西奔过丧。三弟季历仍想让其继任王位，泰伯不允。即又与仲雍返回江南，建立了一个"勾吴"小国，继续开发江南。

直至季历的儿子——姬昌（即周文王）继承王位，再次想让位于泰伯，泰伯坚持不肯。这就是泰伯三让王位的故事。孔子听后非常感动，称赞他为"至德"。

泰伯所筑的"勾吴"城，唐朝尚能见到遗迹，诗人陆龟蒙看后，曾留下这样的诗句：

故国城荒德未荒，年年椒奠湿中堂。

迩来父子争天下，不信人间有让王。

泰伯"三让王位"的故事，千年留传。泰伯死后，就葬在离梅村不远的铁山。因泰伯葬在这里，当地百姓称为"皇山"。东汉后又因名士梁鸿曾隐居在此，故又更名为鸿山。如今的泰伯墓已经重新修茸，巍然屹立于此。

西面的梁溪河也有传说：东汉名士梁鸿，因为不愿意做官，先是隐居于霸陵山中，有次因事路过京城，看到京都建筑得富丽堂皇，而百姓生活却仍然十分贫苦，就写了一首《五噫歌》讽刺

朝廷。当时的汉章帝听了，很不高兴，下诏搜捕梁鸿。梁鸿就不远千里逃来江南，隐居于无锡。

他的夫人孟光，人长得很丑陋，但非常贤惠，夫妻恩爱，相敬如宾。每次吃饭，孟光总是把饭菜放在木盘里，双手托着举过头顶，请夫君享用。这就是"举案齐眉"的出典。

梁鸿在无锡时，经常经过这条溪河泛舟太湖，后来人们就把这条溪河称作"梁溪"。

梁鸿的墓也在鸿山。但根据《吴郡志》记载：梁鸿墓在苏州金阊门金昌亭。历史疑案，实难深究。不过无锡别称"梁溪"，确实由来已久。

在三国、两晋时期，处于相对稳定的江南，较之北方连年战乱，生产凋敝，人民生活在水深火热之中，可算得是"人间天堂"了。东晋朝廷南迁以后，这里更成了政治、经济、文化的中心地带。

原来在吴郡（今苏州市）地方，早就存在着"四大家族"。民族之间、士族之间的激烈交锋，他们并未受到大的打击和削弱。

这"四大家族"或称"四大望族"，就是顾、陆、张、朱。其中尤以顾家为最盛。

这四个家族，特点非常鲜明，叫：张文、朱武、陆忠、顾厚。

张氏一族以文人居多，他们世代以文效力朝廷，如张昭、张宏等。

姓朱的家族多武将，朱治、朱然、朱桓等都是东吴出名的武将。

陆姓出了不少忠臣，其中最为著名的大概莫过于继周瑜之后任东吴都督的陆逊了。赤乌七年他代顾雍为丞相，因涉及到立太子一事与孙权意见相左，因此他不仅没有得到军政实权，不久还

被放到外面去做官了，还时时给他"小鞋"穿。陆逊忧愤而死，死后家无余财，可算是死忠到底。

顾家则以忠厚传家。顾恺之就是出生在这个显赫的顾氏家族中。

顾恺之，字长康。字也叫表字，那是一个人在他十七、八岁或二十来岁成人后另取的名字。从此以后，原来的名字就只能让自己的长辈喊了，同窗好友和他人只能以字称呼，以示尊重。到了现在一般已无表字，就是有表字也不喊，简单化，一概叫名字也就算了。

恺之的名字与他父亲悦之的名字十分相近，恺与悦都是竖心旁，而且第二个字都是"之"字。按道理说，这应该是兄弟辈的取名。这里还真有些来历。

原来在魏晋时期，连年战争，时局混乱，民不聊生，就是高门大族，也是经常处于恐慌之中。为了求得心理上有所依托和平衡，宗教崇拜十分盛行。尤其佛、道两教，借此拼命扩大他们的势力和影响，以致到处造佛寺、建道观。上至皇帝，下到小民百姓，人们信佛崇道，趋之若鹜。

据说顾恺之的爷爷顾毗就是一个虔诚的道教徒。信奉道教手续十分简单，只要送交道观五斗米，就算是道徒了。所以有人就直呼其为"五斗米道"。但它也有些仪规，道徒得共同遵守的。如在名字后都得加个"之"字；"之"字即"道"字。如顾悦之、王羲之等都是。同时，道徒取名不必避讳。所以顾悦之的儿子就取名顾恺之；大书法家王羲之的七个儿子依次就叫玄之、凝之、涣之、肃之、徽之、操之、献之。甚至还有祖孙三代都如此取名的。

顾恺之还取了个小名叫"虎头"，那是江南一带自古的习俗。

据说取个小名（也叫奶名），阿狗小猫乱喊一气，孩子就好养。至今这种风俗在农村尚很流行。甚至一个村上有好几个叫阿狗阿猫的，最后只有大阿狗、二阿狗、小阿猫、细阿猫，来加以区别。

有的书上称：顾恺之仕晋为"虎头将军"，那是不对的。历史上只有左将军、右将军、骠骑将军、骁骑将军等武职，还未见有"虎头将军"这个职衔。顾恺之长期在军队里任职，家乡人民昵称他为"虎头将军"，那也未为不可，但千万不能作为一个官职——虎头将军，强加于他头上，那就十分不妥。

2. 顾氏家声远

顾恺之出生于累代威名显赫的顾氏家族，我们在这里先把《无锡顾氏宗谱》中有关顾恺之前后十世的资料摘抄于下：

一世：顾通，字道达，东汉党锢祸后隐居聚坞山(在今苏州市吴中区光福镇)中。

二世：顾融，字仲容，窦武荐为荆州刺史，不受，退居洞庭山。

三世：顾向，字遵道，精于卜筮，历四县令，皆有仁政。仕吴为前将军，迁尚书屯田郎。

四世：顾雍，字元叹，代孙邵为吴丞相，封醴陵侯，谥曰"肃"。

五世：顾穆，曾名裕，字和则，仕吴为宜都太守。景帝永安元年，袭封醴陵侯。

六世：顾荣，字彦先，始仕吴为黄门侍郎，后仕晋为侍中、上柱国，谥"文元"。

七世：顾毗，字子治，康帝时为散骑常侍，迁光禄卿。

八世：顾悦之，字君叔，初为扬州别驾，历任扬州别架、尚书右丞。

九世：顾恺之，字长康，仕晋为散骑常待，善丹青，世称"虎头三绝"。

十世：顾玄，无详。子一，承贞，失考。（上述资料摘自《锡山顾氏宗谱》）

顾恺之似乎到这里就断代了。

顾雍是顾恺之的五世祖，三国时的东吴丞相。年轻时就与孙权共同闯天下，很得孙权赏识。孙权在当会稽太守时，因他志趣高远，一心想成其霸业，所以就把太守的郡事，全部交给了顾雍去办，顾雍办得十分出色。加上他为人正直，办事公正，以身作则，疾恶如仇，所以威望很高。孙权在东吴与魏的曹操，蜀的刘备，争得三国鼎立的局面，后来也就在江南称帝，顾雍功不可没。孙权在位三十年，丞相一职，顾雍就干了十九年。并被封为"醴陵侯"。直至公元243年，吴帝孙权赤乌六年死去。孙权十分悲恸，亲自上门吊丧。谥曰"肃"。

顾恺之的高祖顾穆，原名顾裕。是顾雍的最小儿子（《晋书》中说是次子），做过宜都太守。顾雍死后，被袭封为"醴陵侯"。但他死得较早。

顾荣是顾恺之的曾祖，他跨越了东吴到西晋的两个朝代。年纪很轻时，就在东吴当上了黄门侍郎、太子辅义都尉。东吴灭亡后，西晋王朝为了笼络江南才俊，把当时号称"江南三俊"的顾荣和陆机、陆云（东吴都督陆逊的孙子）兄弟威逼利诱到了洛阳。虽也委以官职，其实并未重用，还怕随时可能被害。顾荣心知肚明，经常酗酒装病。后来被人看破，硬着头皮出来做事，为晋王

朝尽忠死节，死后才封了侍中、骠骑将军、开府仪同"三司"，谥曰"元"。所谓开府仪同"三司"，那是魏晋时期的一种高级官位和待遇。开府，就是皇帝允许他自置官署，自辟僚佐。仪同"三司"，即是你的仪规、仪仗和待遇可以与"三司"（司徒、司空、司马，亦称三公）一样。试想顾荣人都早死了，还要这些虚衔何用！不过，他的际遇还算好的，称为"善终"。而同投西晋的陆机、陆云却死于"八王之乱"，并被夷了三族，那真叫惨了。顾荣一生爱琴、善琴，在音乐上的造诣很深。

顾恺之的祖父叫顾毗，官做到散骑侍郎，又迁升为光禄卿。后来洛阳被陷，晋室南下，此公也就淡出政治舞台，回家享清福了。

顾恺之的父亲顾悦之，字君叔。原在无锡当过县令。按当时的编制，县大者置令，县小者置长。无锡算是大县，顾悦之就当了无锡县令。那是无锡的最高首长。顾悦之勤政爱民，把无锡治理得民安物阜，有口皆碑。后来他离任去建康当"扬州别驾"，县里百姓很怀念他，在当时的南林为他建造了生祠，以作纪念。司马昱当皇帝，历史上称为简文帝。简文帝很赏识顾悦之的办事能力，就把他调到自己身边，任为尚书右丞。主要是给皇室管理库藏殿堂、刑狱兵器以及奏章文书之类等的事情。

有次简文帝与顾悦之说闲话，他问顾悦之：你与我是同岁，我的头发还是黑黑的，而你的头发却是那样的花白了？悦之回答说：陛下您是松柏的质地，经了霜雪还是那样繁茂；臣是蒲草和杨柳的身姿，一到秋天就先凋零了。如此得体的回答，说得简文帝更加喜欢他。

以上仅是说到顾恺之一脉相承的祖先。根据现存的《锡山顾氏宗谱》看，他的家族中几乎是世代为官，尤其当大官的不少，

例如他的族人顾和、顾众等，都是东晋时期的著名政治人物。

以上是顾恺之的家世。

3. 恺之生年考

关于顾恺之的生卒年，历来的考证实属不少，但说来说去都难定论，主要史料太少。因为在顾恺之的现有史料中，只有这几条可以作为他生卒年的依据：

其一，《晋书·顾恺之传》称：义熙初，为散骑常侍，年六十二，卒于官。义熙元年为公元405年。他活了六十二虚岁，至少公元405年时或稍后他还活着，这是可以肯定的。

其二，《历代名画记》引《京师寺记》称："兴宁中"顾恺之为瓦官寺画壁画《维摩诘像》。兴宁共计三年，"兴宁中"应该定它为兴宁二年（364）。这与历史记载的瓦官寺初建相吻合。

其三，并存于《艺文类聚》六十，和《太平御览》三三九中，记载有顾恺之为刘裕北征南燕时，曾写有《祭牙文》。刘裕北征时间是在义熙五年（409）四月。这说明恺之这一年四月前还活着，可能稍后就逝世了。

统观顾恺之的现有资料，也只有这三条可以作为顾恺之生卒年的依据。尤其是第三条。其他则多是"大概""也许""可能""似乎"之类的"合理推测"了。

现在对于顾恺之的生卒年认定，主要有下面几种说法：

其一，生于晋成帝咸康七年（341），卒于晋安帝元兴元年（402）。姜亮夫、马国权、丹撰等持此说。

其二，生于晋康帝建元二年（344），卒于晋安帝义熙元年（405）。马采、俞剑华、罗叔子等持此说。

其三，生于晋穆帝永和元年（345），卒于晋安帝义熙二年（406）。潘天寿、袁有根等持此说。

其四，生于晋穆帝永和二年（346），卒于晋安帝义熙三年（407）。刘凌沧、郭味渠等持此说。

其五，生于晋穆帝永和四年（348），卒于晋安帝义熙五年（409）。邵洛羊、吴诗初、温肇桐等持此说。

凡此种种说法，对于他活了六十二虚岁，均无分歧，因为《晋书》上讲得很明确了。

问题关键的关键，是在顾恺之瓦官寺画《维摩诘像》时到底是几岁？中间最多相差为七岁。那就是说顾恺之画《维摩诘像》的岁数，可以从十六七岁到二十三四岁。而很多权威人士则都把他定为二十岁在瓦官寺画壁画。

最为典型的是潘天寿先生的说法："以恺之画瓦官寺艺能成就上说，在二十一岁的一年，画瓦官寺，很为适当。但是他的卒年，是在义熙元年了。与'义熙初为散骑常侍'及'年六十二，卒于官'两句话合起来看，似嫌早些。如说恺之生于穆帝永和二年，那么到兴宁二年，恺之是十九岁。十九岁画瓦官寺又似嫌年龄稍轻，那么画瓦官寺以兴宁三年为合适。然而恺之的卒年，是在义熙三年了。以上三种推算，当以生于穆帝永和元年较为适中。"（见潘天寿著：《中国画家丛书——顾恺之》）

潘天寿先生乃近代我国绘画界一代宗师，他在绘画和绘画理论上都有很大建树。但上面的这段论述，似觉主观了些。为什么把顾恺之在为瓦官寺画《维摩诘像》时，非得定在二十岁上呢？而且定得那么死，十九岁不行，二十一岁又不成！所据何来？

顾恺之在绘画上的天才杰出，到底能到什么程度？根据现有

的材料和我们的认识水平，似乎是很难于理解：一个初高中生，能取得如此成就？轰动了当时的京城，根本不可能！

对此，我们暂时把他放下不说。但能否从另一些角度再来探究此一问题呢？

比如说，当时处在一个大动荡、大变革时代，虽然战乱不断，但人们的思想观念，意识形态，甚至生产力水平、生活习俗等，都是处在一个空前活跃和飞速变化的时候。顾恺之的思想正好在这个时间节点上了顺应了当时社会发展和人们精神状态变化的现状，在艺术创作上更迎合了人们新的需要，深入了对人的内心精神世界的刻画，因此也达到了一个空前的水平，从而引起了"共鸣"，赢得了社会极大的反响！

古代确实有些人，年纪很小，却已做了大事、当了大官的。

甘罗十二为丞相。甘罗在正史里确有其人其事，《史纪》卷七十一、列传十一有记载。他十二岁时奉秦王嬴政之命，出使赵国，游说赵王，以五座城市给秦，离间了秦国和燕国的联盟，然后纵容赵国去攻燕国。

赵国打败燕国后，得了燕国的三十座城市。赵王又拿出十一座城市送给了秦国。

秦王深知这白拣捡来的十六座城市，都是甘罗的功劳，一高兴就把甘罗封了个上卿。上卿相当于丞相的职位。所以"甘罗十二为丞相"，一直流传到现在。

秦王以他的好恶，握有生杀予夺的绝对权力，其中带有很大的主观随意性。但也不可否认，小小年纪的甘罗，确实有能耐。

东晋初年的丞相王导，他在当东阁祭酒时才十四、五岁，那差不多是个司局级干部了。当然这是一些政治领域的特例，同时，

在现在社会里也根本不可能，但当时却是事实。

我们再来看一些文艺界的例子：现在幼儿园的孩子都会背诵的"鹅、鹅、鹅，曲颈项向天歌，白毛浮绿水，红掌拨清波。"那是初唐"文坛四杰"的骆宾王七岁时的作品。

千古闻名的《滕王阁序》的作者王勃，也是"初唐四杰"之一，他在作此文时，据说年方十三四岁（又说二十五六岁）。"落霞与孤鹜齐飞，秋水共长天一色。""画栋朝飞南浦云，朱帘暮卷西山雨。"脍炙人口。又如他的"海内存知己，天涯若比邻。""穷且益坚，不坠青云之志。"都是千古传诵的佳句。

如果一味认为一个初高中生，不可能有那么大作为；如果光是限死在顾恺之为瓦官寺画壁画时，只能是在二十岁。那么问题就只有卡死，而永远得不到合理的解释。我这样说，无非证明顾恺之在十六、七岁在瓦官寺画《维摩诘像》取得那么大成就，并非不可能。

另外，顾恺之在刘裕北征南燕时，曾为他写过一篇《祭牙文》，也确系他生前所写。分别记载在《艺文类聚》和《太平御览》中。

现在有的研究文章一方面承认这一文章的存在，并确认系顾恺之所作。另一方面却又刻意回避这一文章，似乎认为这不是正史记载。但此等类书中却是蕴藏着无数历史的珍珠。《艺文类聚》成书于唐初，上距顾恺之逝世仅为二百一十多年，这些史料的真实度、可信度都是相当高的，怎么能视而不见呢？抱着当然之想，而一味批评别人的看法"都是错误的"，这也不是说服人的办法！

根据上述信息，第一，义熙二年（公元 406 年）冬十月，刘裕被封为车骑将军、豫章郡公，所以文内才有"录尚书事豫章公

裕"的称谓，顾恺之此时尚健在。第二，义熙五年（公元 409 年）五月刘裕闻南燕王慕容超大掠宿、豫两州男女二千余人，遂誓师北伐。这是临时决策，并非早有计划。因此，刘裕请顾恺之写《祭牙文》，也不是前几年写好就准备着的。第三，《艺文类聚》和《太平御览》虽非正史，但所收入的材料仍极宝贵，不能等闲视之，更不能有意无意，故意回避。

据此顾恺之的确切生卒年应为东晋穆帝永和四年（公元 348 年）——安帝义熙五年（公元 409 年），比较可靠。

4. 顾恺之师承

《历代名画记》称顾恺之"师于卫协"。卫协为西晋画家，生卒年不详。没有史料说他活到了东晋时期，更不用说有史料证明后来他随东晋南迁，到过江南。

但魏末晋初有个很出名的画家叫荀勗（音序、同勖）的，字公曾，颍阴（今河南许昌）人。据《中国美术辞典》介绍：荀勗生于公元约 210 年，卒于公元 289 年。是汉司空荀爽曾孙。曹魏时做过大将军椽，入晋后领秘书监，进光禄大夫，掌管乐事。七岁能文，多才艺。工书，学外祖父钟繇笔意。善画人物，师卫协。他倒确是从师卫协学画的。

我们不去抠字义，"师于"和"师"到底有什么区别。荀勗亲从卫协为师，完全有可能。至少从记载上讲，他们都是魏末西晋时人。且《中国美术辞典》卫协条下就是荀勗的名字。卫协虽无生卒年记载，但荀勗生于公元约 201 年，卒于 289 年是记得明明白白的。公元 289 年，那是晋武帝太康十年，荀勗他已八十高龄了。

一般从师学画，学生的年龄都不大可能超过老师。纵然有的

学生可能年龄会比老师大，那是极个别的情况。而且荀勖死时，都已八十岁了，那卫协这时是几岁？

再说荀勖死时，就算卫协还在，我们可以计算一下：此时只是近公元三世纪末，离顾恺之出生的公元四世纪的中叶，至少还有五十多年。我是怀疑卫协能否活上一百五六十岁，等到顾恺之来跟他学画的！而且顾恺之也不可能一生出来就从师卫协学画。

所以不管从那一方面讲，顾恺之根本不可能亲从卫协为师！《中国美术辞典》上载：东晋顾恺之深受其影响，这个提法比较客观。现在很多文章不加分析，因为张彦远《历代名画记》一书中提到：顾恺之师于卫协，就不加分析，人云亦云，一提顾恺之的师承，就说顾恺之是卫协的学生，那就完全弄错了。最多也只能说顾恺之师承卫协的画风（或画派），或说"私淑"卫协。

5. 故事传民间

顾恺之是无锡人，无锡人对此很自豪。一千六百多年来，顾恺之一直活在无锡人民的心里。下面我们撷取了几个在无锡地区流传的有关顾恺之的民间传说，以飨读者。

上楼必撤梯

顾恺之小时候就迷恋于画画，他学画非常勤奋，经常废寝忘食。有次他在画画，仆人把吃的饭菜，放在他的几案上，并催他趁热快吃。等了很长时间，当仆人去收拾碗筷时，饭菜早就凉了。再一看碗里盘里，边沿都是五颜六色，一碗金钩豆腐汤，更是墨黑一片。仆人说：少爷，给你送的饭菜，早就冰冷激骨，你还另加了不少作料，把饭菜都糟蹋了！小虎头说：没有关系，你拿回去热一热我马上就吃。仆人说：混了这些颜色，还能吃？虎头

说：我的颜色里面，不就是靛青、朱砂嘛，人家那些炼丹的还天天在吃着哩。仆人摇了摇头，端着木盘，去给他换新鲜的热饭菜去了。

顾恺之学画时，非常专心。为了不让任何人影响和打扰他，他吩咐仆人把他画画的地方，由前面书房移到后面的小阁楼上。并交代：我一上阁楼，你们就把梯子撤走。除非我叫，或要换水，或要小解，你们再把楼梯放好，让我上下。如有人来找我，一概说是不在家中。据说这个习惯，恺之搬到建康顾楼街居住，一直没有改变。

阿奶唤"亲娘"

传说顾恺之出生不久，他母亲就死了。也有人说"虎头三岁时死了娘"。不管怎么说，顾恺之很小就没有了母亲，而是由他祖母扶养成人。因此小恺之看到别人有亲生母亲嘘寒问暖，十分羡慕。同时对自己没有亲生母亲，而有一种莫名的自卑。幼儿时期，好像什么也不懂，就这样懵懵懂懂过来了。后来年龄稍长，渐渐懂事，他在学馆里最不愿意听到的一句话，就是说他是"没有娘的孩子"。

但是小孩子之间，碰碰磕磕总是难免。这天放学路上几个小孩不知为了什么事，拌起了嘴。你一言，我一语，温度愈升愈高。虎头人很自负，也有点自夸，但平时并不多话。偶尔会蹦出一两句俏皮话，就会引得大家哄堂大笑。

今天不知怎么回事，虎头竟会参与进去。有个出名的顽皮鬼，一时辩不过虎头，竟然说了一句"臭虎头，你这个没娘的孩子，轮不到你在这里说话"。

虎头听了，一时气得面色发青说不出话来，就要上前去揪这

个顽皮鬼。要说虎头，一脸斯文，却总是比同龄人长得高出半个头。众小孩见此架势，赶忙拉开虎头。那个小顽皮见势不对，嘴里虽然还在嘟嘟囔囔，脚底却早已擦油，溜之大吉。一场战争虽然偃旗息鼓，但虎头却越想越气，呜呜咽咽一路哭了回去。

虎头回到家里，不仅没有止住哭声，反而爬在床上，用被子蒙着脸，大哭起来。

家里上下人等，问他缘故，他也不说。奶奶更是心疼不已。老太太心想：自己孙子平时功课很好，学里先生经常赞扬；遇事总是避开一点，待人也是让着三分，肯定不是因为老师批评。

可能是和同窗闹了口角，或是遭了别人欺侮，否则不会哭得如此伤心。

虎头哭有半个时辰，慢慢地抽噎着止住了哭声。奶奶又再三开导，虎头才讲出了原因。

"他骂我打我都可以，但他不该说我是没娘的孩子！没有娘也是罪？"虎头哽哽咽咽地说，奶奶听了倒也一阵心酸。

"宝贝孙儿，不要哭，你阿娘是死得早。但你有阿爹和姨娘，你还有爷爷和奶奶疼着你。"奶奶安抚着虎头。

"阿爹凶，姨娘我见着几次面？数都数得清的。"虎头说的是实话。

阿爹在建康，一年难得回来一两次，回来就板着面孔说虎头这里也不好，那里又不行。还有就是要如何如何读书，还举出那些发悬梁、锥刺股的古人来教训他。

虎头说的那个姨娘，指的是顾悦之后来另娶的夫人，跟着悦之，把家安在了建康，更是不大回无锡，也一直未生养。虎头对她，既说不出她的好，也讲不出她的坏……

"我是没娘的孩子！我是没有亲生娘的可怜孩子！"虎头说着，又要哭出声来。奶奶赶快上前一把搂住虎头，两行老泪顺着脸颊滚落下来。

"虎儿，我的宝贝，谁说你没有亲生娘？奶奶就是你的亲娘！"虎头听了，立即止住了哭声，两眼怔怔地看着泪眼模糊的奶奶。

"奶奶，那我以后就叫您亲娘吧。"

"叫吧，叫吧！奶奶就是虎儿嫡嫡亲亲的亲娘！"

"亲——娘——！"虎头几乎是一声长嚎。奶奶和孙儿两个紧紧地搂在了一起。

自此口口相传，一千六百多年来，无锡人一直把祖母喊成"亲娘"。

当然这些也并未见有历史记载，只是无锡民间的传说而已。

三画亲阿娘

顾恺之自小由奶奶抚养，但他的恋母情结却是根深蒂固。看见邻居小孩拥抱着阿娘亲热，他会不自觉地流下眼泪。就是看到小狗小猫依偎着大狗大猫吃奶，他也忍不住黯然神伤。

当他会涂抹几笔的时候，他就想着要把阿娘画出来。他多想念生他的亲生娘啊！

十来岁的时候，他再也忍不住了。他先问他的"亲娘"，就是他奶奶。

"亲娘，你把阿娘长得是什么样子，给我说说，我要把她画出来。"他恳求着祖母。

"虎儿啊，我对你阿娘的面貌也记得不太清楚了，要画出来不容易啊！还是等你大一点，画画得更好一点再说吧。"奶奶语重心

长地说。

"不！我一定要把我阿娘画出来。"奶奶在孙儿的精神感动下，也不厌其烦地向虎头描述他阿娘生前的相貌特征和身材姿势等。虎头又去问家里的管家和佣人。

听说虎头要为死去的少奶奶画像，大家都愿意给他讲述他阿娘生前的容貌、身材等的各方面情况。

虎头根据他们的描述和自己的想象，不久，他画出了第一幅他的《阿娘像》。

他拿着去给家人们看，家人们看了都摇了摇头，反问他："这是画的啥人啊？"

他又拿着去给奶奶看。

"亲娘，这画得像不像我阿娘？"奶奶看着皱了皱眉头。

"这眼睛画得好，有神。你看我走到那里，她的眼睛一直盯着我。这鼻子也像，画得多挺。这头发画得那么细，一根一根丝出来，真不容易。只是不……"奶奶也是摇着头。

虎头感到画得大概不像他阿娘，不然，怎么看了他的画像，只有摇头的，没有点头的。

"我重新画！"不等他奶奶说完，虎头坚毅地说。

于是他拿着这幅画，让家里的人大家来说，不像在哪里，那里又有一点像，怎样才会画得更像。并让大家进一步详细描述他阿娘生前的容貌长相、身材身姿、衣着发式，以至神态特点，一一都问得明明白白，搞得清清楚楚。

几天后，虎头又拿出了第二幅《阿娘像》。

这一次很多人说：有点像虎头他娘了。

"凭空画得这么像真不容易。但是……"虎头一听奶奶的"但

是"，知道画得还不是很像。

"虎儿，有点像就可以了，留着作个纪念吧。"奶奶心疼地对孙子说。

"画不像我就再画，我一定要把《阿娘像》画得很像很像才歇手。"

虎头收起了画，准备再画，直到画像为止。虎头坚信他能把《阿娘像》画好！

这一次，他走出了家门，遍访亲戚，特别是多次访问了外婆家，更是收集到了不少的直感材料。

"你阿娘的脸盘特别像我，但她有两个酒窝，左边的深些，右边的要笑的时候才看得清楚；她的眉毛和眼睛特像你二姨，不过你阿娘身体一直不太好，眉头有点微攒；鼻子则像你娘舅……"外婆对自己女儿最了解，她提供的材料最有价值。

虎头再三修改，再三去请教外婆，终于又画出了他的第三幅《阿娘像》。

"虎儿，把你阿娘画活了！"老祖母看得饱含着眼泪。

"少奶奶像要走下画面来的一样，亏得小少爷画得那么像！"

这一年，传说虎头是十二岁。还有人说才八岁。

兰亭赴盛会

又是一个传说。公元 353 年，东晋永和九年春，大书法家王羲之在会稽山阴（今浙江绍兴）搞修禊诗会。他当时任右军将军、会稽内史。王羲之在政治上有独立见解，在军事上更有过人之见，尤其对朝廷使用殷浩北伐，很有想法。曾两次亲自写信，劝阻殷浩暂缓北伐，以待时机，但都无人正视。但王羲之此一行动，两面不讨好：一方面得罪了"挺殷派"，如当时掌实权的会稽王司马

昱，"气可鼓，不可泄，你王羲之多管什么闲事；"也得罪了"打殷派"，要是采纳羲之所持意见，那是高瞻远瞩，那不是更助长殷浩在朝廷的气焰！及至殷浩两次出兵均遭大败，结束了自己的政治生命，已是悔之莫及。

但此时羲之与他的顶头上司、扬州刺史王述意见相左，矛盾日深，经常受到王述打击报复，内心十分苦恼。所以王羲之是借口修禊祓除、禳灾祈福，实际上来消解当时政治上的不得意。

他聚集了一帮志同道合的名士诗人，如谢安、孙绰等共四十三人参加，在这个风景如画的兰亭，大家饮酒作诗，以尽竟日之欢。

这天正好是风和日丽，春意盎然，草长莺飞，一片生机。羲之看到如此景色，来的宾客又如此整齐，正是群贤毕至、少长咸集，一时心情好了许多。

据说时任扬州刺史别驾的顾悦之也在被邀之列。王羲之早年曾在无锡购地置屋，与悦之过从甚密，可算是莫逆知己，两家经常来往不断。尤其是王献之和顾恺之年龄相仿，献之只比恺之大了三岁，小时都是玩伴。因此，顾悦之也想让恺之从小出去见见世面，所以，这次就带了小恺之一起来了绍兴。

王羲之在会上作了一番情况介绍后，又特意拉过两个孩子，他先向大家介绍一脸稚气的恺之："这是顾别驾、君叔兄的公子——虎头"，小恺之腼腆地低下了头。

"那是我的小名，我的大名叫顾恺之。"恺之补充王羲之的介绍。王羲之笑笑，随后又拉过胖墩墩的献之。

"这是小犬献之。刚刚开始学写字"。

"不，阿爹，我已经学了五年多了。"羲之话音刚落，献之急忙辩解。

于是羲之交代他们：一不要跑到远处去玩；二不要跑到水边去玩，这里的白麻纸、丝茧纸你们要写写画画都可以用，只是不要浪费了。

两个孩子只要有纸画画写字，都是坐得住，又耐得住性子的。大人不在身边，更少了几分拘束。任你们大人去喝酒吟诗，乐得我们自由自在的快乐。

这里大人们在做一种"曲水流觞"的游戏。就是参加者依着一条曲折的人工小溪流两边坐着，然后用羽觞（一种酒杯）斟了酒放入水中，让它随水向下游缓缓流去。羽觞流到哪个人面前停住，按规矩此人就应满饮此杯，然后作诗一首。

这里大人们喝得起劲，诗也做了不少。有的诗思如流，一首连着一首；有的则起身站起，抬着胡须，搜索枯肠；有的已经大醉，就着草地，呼呼大睡；还有的三杯下肚，神经极度兴奋起来，口若悬河，阻止都阻止不了，甚至手舞足蹈，丑态百出……

这里献之、恺之也是嘻嘻哈哈，弄得身上脸上都是墨迹。

谢安已经喝了好几杯酒，也做了好几首诗，感到有些内急，站起身来要去小解。看见两个小孩笑得前仰后合，顺便走了过去。谢安低头一看，不禁也是笑出声来。就在附近的支遁和尚听见谢安在笑，嘴里正泯着一口酒，立起身来，摸摸光头也凑上前去观看。一看之下扑哧一声，一口酒正好喷在几案之上，把两个小孩的精彩之作，弄得全是酒渍，支遁弯着腰仍是捧腹大笑不止。

原来两个小孩的书画作品，献之是写着"蒲柳之姿，望秋先零"，那是顾悦之在回答简文帝问他：年轻轻为什么头发已经早白了的一句话。恺之则画了一个青年敞着衣袍，露出半个大肚子躺在床上，嘴里还啃着一个饼。

恺之画的故事也大有来头：说的是前朝太尉郗鉴，要在司徒王导的子侄辈中物色女婿，王导的儿子和侄子们一听，要与郗家攀亲，那是多么荣耀！到了那天，一个个衣冠楚楚，十分循规蹈矩的样子。只有王羲之毫不在乎，照旧不修边幅地躺在东厢房的床上，露着个大肚子，自顾自地在吃他的胡麻饼。

郗鉴转了一圈，出来告诉王导说：我要选的佳婿，就是东边床上躺着的那个。他，就是王羲之。

后来把女婿说成"东床"，就是这个出典。老郗鉴也可说是慧眼识英雄了。

顾悦之过来一看，气得双眼圆睁，直骂恺之是"没有教养的小畜生"。惹得两个孩子不欢而散。

但是史料上似未见到顾悦之也参加了兰亭诗会的记载。再说悦之与司马昱那段对话，已是羲之过世有十来年后的事了。可见传说之谬误，这里录入，仅供饭后一笑而已。

说起王羲之与无锡，却有很深的缘渊。无锡的市中心有个崇安寺，这里原来是王导（羲之族叔）的"右军府"。王羲之结婚时，王导和郗鉴（羲之老丈人）上疏晋帝，赐给了王羲之作为婚房之用。后来王羲之离开无锡，定居于浙江绍兴，于东晋兴宁年间，王羲之又舍宅建寺，修造了兴宁寺。为了纪念王羲之的功德，在大雄宝殿与藏经阁之间，保留了一个池塘，因为王羲之曾经在这里洗过笔和砚台，所以就立有一碑，称之为"王羲之洗砚池"。宋朝太平兴国二年改寺名为"崇安教寺"，简称"崇安寺"至今。岁月流逝，崇安寺已经有其名而无其实了。现在则在崇安寺地下商场一角，辟有一石头砌成的约一平方米的小水塘"王羲之洗砚处"，不伦不类，贻笑大方。

　　无独有偶，在无锡市西北乡，有一处地名叫"洛社"，晋朝时，此处原有一处王羲之父亲王旷的故居，王旷于西晋末年任丹阳太守、安东将军的参军多年，故在洛社置屋定居。晋惠帝太安二年（303），据说王羲之就出生在这里，羲之从小到大，长年在此居住。那里有一个很大的池塘，里面养了不少鹅，同时也兼作"涤砚池"，池旁建有一亭，曰"观鹅亭"。后也由王羲之捐献了出来，建成了"兴福寺"，后改名为"开利寺"。

　　王羲之在无锡舍宅建寺一事，元朝王仁辅编撰的《无锡志》上也有记载。因此有些资料据此就直认王羲之生在无锡，也是无锡人。

修建顾港桥

　　无锡于西汉建县，原有子（内）城、罗（外）城，子城为县治所在，建有一门四搂。罗城设有四门：东为熙春门，南为旧春门，西为梁溪门，北为莲蓉门。就是后来的无锡市的市中心，这个市区格局，两千余年一直未变。

　　当时出北门就是一片水域——芙蓉湖。芙蓉湖区水面很大，南控长洲（属吴县），东连江阴，北掩晋陵（常州旧称）。湖水浅而清澈，多产鱼虾菱藕。战国以来，历代都经治理，

　　至东晋，水面已大大缩小，但河汊极多，交通大多靠舟船。当时北门外也"治以为陂"，即筑了塘岸，形成了一片田亩纵横，村舍星罗的富庶之区，使得城外也出现了繁华的集市，绵延数里。

　　出北门三里许，有一河道，向东而去，人们只能靠船摆渡，以连接两岸，交通非常不便。其时顾悦之正当无锡县令，政声甚好，为老百姓办了许多实事。他决定在此修建一桥，以利人们来往。桥未修好，他却被调去建康当扬州别驾去了，于是把造桥事

宜，全部交给了儿子。

顾恺之接过此一任务后，倒也不辞辛苦、不避风雨，尽心尽力，很快就把桥造好了。这是一座用石头砌成桥墩，然后上面用木板铺就桥面的木石混合结构桥。因为此桥为顾氏父子所建，所以当时取名为"顾港桥"。但是此桥建在出北门三里的处所，所以千多年来，人们一直口口相因，俗称它为"三里桥"。

"三里桥"经过一千多年风雨，到了明朝，桥上木板已经换了不计其数，就是那桥下石礅也多有毁损。

当时无锡有个进士，叫顾可学的，正在浙江布政使参议任上。一次回家省亲，与其父顾懋章一起，经过此处。看到三里桥石砌桥墩，已经破残不堪，在湍急水流中，摇摇欲坠。桥面木板也多处腐朽，人行桥上，十分危险。

老爷子提出：让儿子出点钱，把这千年危桥重新修建一下，顾可学十分赞同。

儿子上任走了，于是顾懋章不顾年老，亲自筹划，亲自督工，经常奔忙于修桥工地上。围起了堤坝，抽干了水，在挖掘地基时，发现了一块古代残碑，上面刻着"顾港桥"三字。老先生回去一查前代县志，才知三里桥原名顾港桥，系晋朝顾长康建造。

顾老先生几乎有点不敢相信，自己正在修建着的这座千年危桥，竟然是其上祖所造！不意今天竟与祖宗同德，兴奋之情，溢于言表。于是不仅加快了修造的进度，又更重视了造桥的质量，把原来木板桥面也改成了巨型石条。

都是顾氏父子，修的同一座桥，千年之后，把他们连在了一起，这事也可算是一桩千古美谈。

二、金陵耀辉

金陵，今南京市的古称。公元前333年楚威王打败越国，并在金陵山（今清凉山）余小山上建城，命名为金陵邑，金陵之名由此而始。秦置县，名称陵。三国吴孙权在此建都，改称建业。西晋灭吴后，改"建业"为"建邺"。晋太康三年（282），因避晋愍帝司马邺讳，更名建康。东晋即建都于此。

1. 艺惊瓦官寺

公元364年，东晋穆帝兴宁二年。京城建康，发生了一件震惊全城的大事。一个无锡小伙子叫顾恺之的，在初建的瓦官寺里画了一幅"维摩诘演经图"，竟然引起了全城极大的轰动。开光那天，单是为了看顾恺之"点睛"，一上午就收到捐款一百多万钱。此种盛况，在建康的历史上还从未见过。

东晋退居江南半壁，并在建康（今南京市）立国后，通过几十年的经营，逐渐恢复了元气，也呈现出了往日的繁荣。但经过"八王之乱"，朝廷南渡等多番折腾，社会上下，弥漫着一种悲观无望的情绪。上至士大夫，下至小民百姓，大多数人的心理上，都有一种极度失落的阴影。表现在士大夫们崇尚不着边际的清谈，

甚至装疯卖傻，退隐山林；老百姓们则一直笼罩在朝不保夕的不安情绪中。

人们唯一能缓解这种不安情绪的，只有借助于宗教。当时的佛道两教，都是空前盛行。建道场、造佛寺、求神仙、拜佛爷，几乎成了比吃饭还重要的日常生活。

当顾恺之从家乡无锡迁来建康居住，东晋王朝在此立国已经有近五十年了。虽然北方仍旧战争不断，但在南方，局势相对比较稳定。

顾恺之就定居于建康城西南的花露岗附近，这是他父亲的住所。顾恺之父亲顾悦之，当时也是一个闻达官宦，他在花露岗附近，盖了一座楼房，别人称之为"顾楼"，后来人们就把从"顾楼"出来的那条街，称之为"顾楼街"。

顾恺之虽在南京生活了很长一段时间，也留下了一些传说，但除了瓦官寺和顾楼街，好像与他在家乡无锡一样，也没有留下更多的遗迹，实在是件很遗憾的事情！

但是，建康却是恺之社会活动的起始点，和他艺术事业的成名地。

当时在建康城的西南，有一处占地很大的去处，叫做花露岗。这里原来是专门给皇家烧制陶瓷和砖瓦的一个窑址，并设有一个管理机构——衙门，任有一个官员管理此事，这个官员就叫"瓦官"。后来烧制陶器和砖瓦之事，连同一套管理机构和人员，都迁到淮水（即秦淮河）以北去了，这里就变成了一块空地。

有个叫慧力的高僧，在二十年前就来到京城建康，苦行化缘，积攒了一份很大的财富，他一生的愿望，就是想在京师建一处佛寺。

这天，他偶尔化缘经过花露岗，只见这里破砖乱瓦、杂草没人，一片荒凉景象。

老僧忽然一阵心血来潮，这里不是一个建立佛寺的极好去处？

于是他就给皇帝打了一个报告，也上了一道奏本（明、清时叫"奏摺"）：说你皇帝那个地方空着也是空着，不如让我建造一座佛寺，让老百姓都来顶礼膜拜，诵经念佛，可以免去多少烦恼和是非。更可以求得风调雨顺，国泰民安，天下太平，省了你皇上好多事情。慧力说：钱由我去化缘，也不用你皇帝去掏自己的腰包。

当时的皇帝都很信仰宗教。而且不管你是佛教，还是道教，只要是教，他都虔诚笃信。因此，慧力的报告（奏本）一上去就被批准。反正那块地嘛，真如慧力所说，空着也是空着。

经过慧力等僧众的四处化缘，多方努力，没有多久，一座宏伟的佛寺已经耸立在花露岗上。规模宏大，殿宇轩昂；黄墙翠瓦，金碧辉煌。堪称金陵数一数二的大寺院。

因为此地原为瓦官所在，因此取名为"瓦官寺"。又因在建寺中，这里还曾经挖出过一口用土烧制成的棺材，所以也有人就索性称它为"瓦棺寺"。

现在殿宇虽已建成，大殿里的五方佛像，由当时驰誉大江南北的大雕塑家戴逵、戴颙父子用干漆夹苎法塑成，这是当时一种很先进的塑像方法。但是殿宇装修、佛像装金、室内陈设等，粗估下来，尚需一二百万钱。京城内外的那些达官贵人，该捐的捐了，该助的也都助了。再要开口，不说自己有点不好意思，就是开了口，人家也不会再出大钱的了。

寺庙搞到现在模样，确实已经不易。看看自己也已年岁不饶

人，再要筹钱续建，精疲力竭，其中难度可想而知！但要就此放下，功亏一篑，自己还有点不死心。在此无可奈何之下，老僧慧力还是作出了一个惊人之举：决定再次邀请社会贤达，"打杀注疏"，筹措资金。

过去寺里拿着缘簿化缘，请人家在缘簿上写：某某某，认捐多少钱，这就叫"打杀注疏"，实际就是认捐，也叫上缘簿。然后让人交钱时再把缘簿上所写之数勾去，叫做"勾疏"。寺里要据此写成文书，祝祷焚烧于神佛前，表示已经收到这笔钱了。

这天寺里来的人也不多，而且都只是捐个八千一万，应付了事。最多也没有超过十万钱的，距离百万之数，甚为遥远。

老僧慧力正在发愁之际，有个负责写缘簿的僧人来到方丈室，告诉大和尚慧力：有个年轻公子，看他乳臭未干的样子，据同来的人介绍，说是扬州别驾顾公、顾君叔老爷的公子，大名叫顾长康的，他在缘簿上问都没问一声，一写就是"顾恺之认捐一百万钱。"现在被知客僧请在客堂喝茶。请示大和尚作何处置？

慧力接过缘簿一看，简直有点不相信自己的眼睛，上面明明写着：顾恺之，捐钱一百万。

顾恺之这个名字过去早有所闻，前一阵无锡崇宁寺方丈，他的师弟慧真和尚来建康，曾说道：无锡出了个画画的神童，画的人简直像活的一样。特别他画人的眼睛，是不轻易点眼珠子的，只要一点上眼珠子，画上的那个人就马上会讲话一样。慧真原想请他在寺里画幅壁画，不意正去请他时，他祖母告诉慧真说，你早来十天就好了，我家虎头让他阿爹叫到京城建康去了。

可是慧力又一想，顾悦之虽出身名门望族，但素称为官清正，积蓄不多，哪有一百万可捐？再说这个顾恺之听说尚未成

家，顾悦之就是有一百万可捐，可能还轮不到他来打杀注疏吧！……

一连串的疑问困扰着慧力。不管怎么说，先得去前殿客堂看看再说。

慧力来到客堂，知客僧立即起身向恺之介绍："这是敝寺方丈慧力大和尚"。恺之也是双手合十，略一点头，便相互寒暄。

慧力这时才看得清楚：小伙子讲着一口无锡官话，虽是高挑个头，但还是觉得乳臭未干。

"施主贵庚？"慧力问恺之，语气中含有小看他的味道。

"我今年已经快十七岁了！"恺之有点反感。

"施主，上缘簿认捐多少钱，那是要写成文书，诵经祷告，焚烧于佛祖之前的大事，来不得半点差池。公子是否再重新考虑一下"慧力真有点看不起恺之。

"老和尚，你不相信我？这你尽可放心，到时候自然交给你一百万钱，而且只会多不会少。只是你得先在寺里给我粉刷一堵墙壁，我要在这里给你画幅壁画，到画好的时候，也就是我交你钱的时候。"

慧力这时还恰好在为几幅壁画没有人画而发愁呢！听恺之一说，又回想到师弟慧真的介绍，心里有了点底。同时，顾恺之跑得了，他老子是朝廷命官，到时候拿着缘簿去找他老子要钱去！就是拿不到钱，给我画一幅壁画也是好的。因此也就满口答应恺之的要求。

说到底，老和尚确实对恺之抱着半信半疑的态度。

"还有，我每天来画。在壁画画好前，禁止一切僧俗人等来看我的画。门要上锁，钥匙我一个人掌握。绘画用的笔墨颜色，以

及盘盏等物和用水，一概都给我准备在外屋，我自会取用。"恺之怎么交代，慧力满口答应，一一照办。

所画壁画，地点就确定在北小殿内。

一切准备就绪，恺之接过慧力递给他的钥匙，于是关上门，顶好门闩，早来晚归，自顾自一个人在里面画着。

慧力当然不放心，每天找着各种借口，来探恺之虚实。恺之虽然年轻，心眼已经蛮多，就是不让慧力看个究竟。

将近一个月过去，恺之已大体把壁画画好。他就找到慧力，说是壁画将近画成，但我尚要点睛。这几天你给我在建康城厢内外，遍贴告示：说是从晋陵无锡来了个顾恺之，在瓦官寺北小殿，画有一幅《维摩诘讲经图》。现定于某月某日上午巳时开光，并由顾恺之亲笔点睛。但第一天来看点睛的，须捐款十万；第二天来看的，则只需捐五万；第三天来看的，不拘多少，财缘乐助，随意施舍即可。

此时慧力才知道原来恺之画了一幅《维摩诘像》。

恺之还怕慧力心里不踏实，办起事来积极性不高，就先让他进北小殿去看了壁画。慧力不看则已，一看之下，直惊得他半天合不拢嘴。原来顾恺之画的《维摩诘像》，与他人画的，大不一样，竟然画得犹如一个活生生的人一样，并把维摩诘的神态刻画得出神入化、入木三分。只是还未把眼珠子画出来。

这时的慧力才恍然大悟，顾恺之的一百万钱原来寄托在这里。慧力到处化缘，南北奔走，见过多少佛寺的壁画，但尚未见到如此美妙的图画。现在他也已喜出望外，信心十足，办顾恺之交代他的事去了。

慧力召集寺里僧众开会，准备了几刀杏黄纸，凡是能写字的

和尚，集中起来，专门抄写告示；不能写字的僧人，则去城里城外，交通要道口和集市等处，张贴告示。更交代了几个能说会道的和尚，去一些王公贵族、高官命妇、富商大贾处，重点宣传动员，到时务必光临随喜。

随后几天，建康城几乎人人皆知，无锡来了个画画神童，叫顾恺之的，在瓦官寺画了一幅《维摩诘像》，画得活灵活现，真像活的一样……。

一些高官命妇，他〔她〕们的钱来得容易，化个十万，争着要去烧柱"头香"，看看这个无锡小子顾恺之，到底是哪路神仙，让慧力老和尚给他吹得神乎其神！有的家境虽说殷实，但要施舍十万，感到有点肉痛，就第二天去看看，省个五万也好。一般信众第三天再去，捐个千儿八百，也算对菩萨的虔诚。

到了开光那天，来看热闹的人摩肩接踵，着实不少。但能拿出十万钱进到北小殿里看点睛的却是并不多。将到巳牌时辰，慧力也来到北小殿，一是来招呼这些大施主们，毕竟这百多万钱，最终要他们掏腰包的；二是借此也要点点人数，如果来得正好十人，那就有整整百万之数到手，这是最理想的。如果只有七、八个人，那也可算是上上大吉了。

老僧慧力怀着忐忑不安的心跨进了北小殿，眼光随即一扫，觉得眼前似乎超过十人，心里先是一喜，一块大石头马上落了地。慧力一面与大家双手合十打着招呼，一面走到墙前，那些和尚们马上撞钟击鼓，口里念起了佛经，北小殿内外洋溢着一片好听的男中音的诵经声。

巳时正刻，慧力把覆盖着画的布幕一拉开，北小殿里叫好声、鼓掌声，响成一片。殿外原来不太想进去的几个善男信女，

听到里边人声沸腾，也就迫不及待地挤了进来，想看个究竟。要知道这时一踏进北小殿门槛，就意味着要捐出十万钱的！

但当进去一看，只见壁画上那个维摩诘居士，面对大家似在侃侃而谈。清瘦而又略带点病容，隐在几案后面欲言又止的那种状态，把大家都看得呆了。真的是惟妙惟肖，犹如真人一般。但是维摩诘的眼眶里尚未画上眼珠子。

大家正在惊叹之际，只见从殿后闪出一个人来。定睛一看，此人个子虽高，但脸上尚浮现着一股稚气。他很从容地在旁边的几案上拣起一支笔，又在砚台里蘸了些墨，把笔头在一张纸上撇了几下，然后敏捷地爬上搁着跳板的桌子，不一会工夫，就把维摩诘的眼珠子画好了。等他下得地来，只见画上的维摩诘眼里闪出异样神采，浑身放射出光芒，几乎照亮了整个瓦官寺一样。所有在场的观众，几乎都被惊倒。

慧力不失时机地拿起缘簿，请各位施主按例认捐。不到半个时辰，捐款数字已经大大超过一百万钱。

这就是顾恺之在瓦官寺画《维摩诘像》的精彩故事。

2. 交好桓宣武

顾恺之初来建康，一炮走红后，赢得了极大的社会反响。随后得到大司马桓温的赏识，为他艺术事业的逐步成功，又创造了更为良好的条件。

顾恺之初到建康来，虽无什么熟识之人，但凭他祖上的显赫权势，和其父顾悦之的声誉，当然在建康立足也并非难事。因为当时东晋时期用人做官，还没有开科考试的制度。主要依据就是曹操的"选贤任能、唯才是举"的"九品中正制"。实际上实行的

是拉关系，走后门。不仅如此，朝廷上下也早就织成了一张关系网。所谓的"选贤"，无非都是为世家大族铺就的为官之路。

什么叫"九品中正制"呢？他的主要做法，就是由朝廷选择一些"贤有识见"的中央官吏，出任州的"大中正"，郡设"小中正"。然后由这些大、小"中正"官，把辖区内的"人才"，根据家世和才德，品评为上上、上中、上下、中上、中中、中下、下上、下中、下下九等。然后上报到朝廷，由中央政府按照"中正"品评的等级，安排到各级去任官。

这样做有可能会发现和任用一些确实有用的人才。但就大部分而言，由于这些大小"中正"都是门阀士族，权力又太大，品评等级也无绝对标准，所以个人的修养、关系、好恶等就起了很大作用。有些人私相授受，捞取好处。更有些人借此结党营私，培植私人势力。实际上使得中央政府丧失了用人的权力。

因此，舍去才能不说，有些十七八二十来岁的人，就被选拔去做了府县领导的很多。

当时就流行着"上品无寒门，下品无势族"的说法。这些人当然代表着世家大族的利益，因此而世代为官的家族很多。顾恺之家族也就是这张"升官图"中的一环。因此顾恺之的个人前途，有利条件很多。但这些有利条件，只能保证他可以做官，而不能保证他在艺术上的更好发展。

在顾恺之人生前途处于这个十字路口的时候，在他的生活中，闯进了一个人，那就是当时权倾朝野，且风头正盛的大司马——桓温。

桓温（312——373），字元子。谯国龙亢（今安徽怀远西北）人。为什么又有人称他为桓宣武呢？因他官爵曾是"宣武侯"，故

人们尊称他为桓宣武。

其父桓彝，曾为保全东晋王室政权，流尽了最后一滴血。桓彝声望虽高，但家里很穷。当时桓温年纪尚轻，母亲有病，需要用羊作药的引子，但却无力购买。后来就把幼弟桓冲典押给了卖主，才换回了一头羊为母治病。

后来桓温从军，且立有军功，但东晋王朝素来轻视武人，出身于这种家庭的桓温是得不到重用的。

但此时晋明帝要找女婿，荆州刺史庾翼，把桓温介绍给了明帝。

说起庾翼（305—345）他也是东晋朝廷的重臣，与杜乂、殷浩等才名冠世，而且当时还是与王羲之齐名的书法家。他有个哥哥叫庾亮，当时是荆州刺史。庾亮死后，庾翼就代兄镇武昌，任江、荆、司、雍、梁、益六州军事，荆州刺史。他胸有大志，以收复北方失地为己任，但也因此而触犯了地主豪强的利益，遭到强力反对，壮志未酬，不久就病死，死时才四十一岁。

庾翼与桓温，因有共同的政治理想，所以很看重桓温，因此他就为桓温保了大媒。明帝见桓温为人豪爽，身姿和面貌很魁伟勇猛，也十分喜欢。就把女儿南康长公主——司马兴男嫁给了他，拜为驸马都尉，才被逐渐重用。

不久庾翼病死，桓温就被提拔为荆州刺史、安西将军、都督荆梁等四州军事。

桓温是个有魄力，且敢作敢为的人。他力排众议，乘成汉政权腐败，人心涣散之际，孤军深入成都，平定了蜀地，遂进位为征西大将军。

桓温积草屯粮，扩充军队，训练士兵，时时想着北伐中原，

以图恢复全国的统一局面。但遭到那些门阀士族势力的反对。他们已习惯于偏安东南一隅，一动不如一静。因此不仅不支持桓温的政治、军事政策，而且处处掣肘，事事诋毁。说桓温是居心叵测，思想篡位。

桓温一生有过三次北伐，第一次因军粮不继，无功而返。第二次已经打下了洛阳，又因朝廷内部意见分歧，很多人安于现状，不思还都洛阳，致使桓温忍痛退兵，洛阳也因此得而复失。第三次北伐，桓温兵至枋头，骄兵深入，被敌拖住，久战难胜，加之粮道被阻，桓温大败而归。从此桓温在军事上一蹶不振。

纵观桓温一生，应该说还是不失为一个卓越的政治家和军事家。他志向远大，有抱负，有魄力，始终把恢复中原统一为己任。他用兵果断，作战勇猛。至于没有成功，原因种种，不能因为失败而一概否定。唐朝修撰的《晋书》列传第六十八，把他归入在"叛逆"里面，似觉失当。

桓温与顾恺之的结识、交好，见之于历史记载的材料很少。《晋书·顾恺之传》说：顾恺之被桓温引为大司马参军，甚见亲昵。

大司马，在魏晋时期，他是位在"三公"之上的一个官职，一人之下，万人之上。事实上，这上面的一人（皇帝）也是十分惧怕他的。当时的桓温就是这样的一个角色。

所谓"大司马参军"，那是能参与大司马日常军事事务的一个职位，用现在的话说，级别相当高。但顾恺之以他不到二十来岁的年纪，不说他能参与何种意见，能够得到多大权力，仅凭这一职位，可以说当时就是难以想象的了。有的人在战场上拼杀一辈子，出生入死，至死都是难以企及的。

但是顾恺之并非因他有什么政治、军事才能而被桓温所看中，只是以他的绘画才能，征服了京城的上下观众，才博得了桓温的好感。

顾恺之曾经画过"桓温像"。由于顾恺之的文采好，出口成章，桓温也很赏识他。

恺之在桓温府里的时候，桓温常说，恺之的身体里面，一半是痴癫，一半是狡黠，合在一起，正好就算平平了。

温桓作为一个前辈，对顾恺之的了解是非常透彻的，所以有"恺之体内痴黠各半"的中肯评价。知人、知心，莫过于此的了。

但桓温并没有随便把他揽在身边就给他官职，而是经过了一番考察的。有次桓温在建康办完事回驻地——江陵，他就邀了顾恺之作客同行，借以进一步对其进行了解。

江陵，荆楚重镇。历史上就是一个政治、经济、文化中心，更是一个军事要地。桓温把他作为北伐中原的根据地。在军事上准备的同时，又把原来的旧城和新城合而为一。修大道、辟码头、建屋宇，揽商贾，几年下来，把个江陵城建设得人烟稠密，经济繁荣，市面井井有条，人们安居乐业的新江陵。桓温对此也极为自负和自满。

这一天，桓温一行回到江陵城外，已是傍晚时分。只见满天彩霞，金光四射；江陵城中，鳞次栉比，炊烟袅袅；远处人声鼎沸，鸡犬之声相闻。江陵城掩映在彩云霞光之中，显得格外瑰丽。

桓温说："那一位能把眼前的江陵城形容得最好的，有赏！"

话音未落，跟随在旁边的顾恺之已经脱口而出："遥遥望见一层层的城市，被红霞映红了的楼宇，就跟天上的云彩一样。"

桓温回头一看，竟是新邀来作客的顾恺之，心中十分高兴。

立即叫过随从，赏给恺之两个漂亮婢女。

顾恺之在桓温那里当参军后，桓温也并没有把他当成一个一般的军事干部看待。最多是一个清客相公。从其他材料印证，顾恺之虽在军队里工作，而且又是任的军职，但他仍旧可以画画、作诗和写文章。他画的一些肖像画又大多是军政要员，除桓温外，其他还有如谢安、殷仲堪、桓玄、刘牢之等，还有前辈名人谢鲲、裴楷……。并且还可以游山玩水。这些如果没有桓温的特许，恐怕没有第二个人有此权力。

以此也可以看出：恺之与桓温的亲近、亲热非同一般，可以说情同父子，甚至超出父子。

顾恺之能与桓温交好，大概原因有三：

其一，顾恺之其人，在政治上无所追求，他主要关心的只是如何争取到一个好的环境，画好他的画。他不想参与那种在他看来的无谓斗争。相反，他在这种难以避免的政治漩涡中，逆来顺受，随波逐流；不敢正视，更不敢面对。桓温需要这种对他构不成任何威胁的人。

其二，顾恺之博学多才，名声又高。桓温需要网罗这些人才，为他装点门面，抬高自己的声誉。

其三，桓温也是一位书画爱好者。他爱好书画，收藏书画。这就与顾恺之有了共同语言。也给他的业余生活增添了乐趣。

顾恺之在桓温麾下待了大概七年，直到桓温逝世。这七年对顾恺之在今后的绘画领域中，打下了更好发展的坚实基础。

三、虎头"三绝"

顾恺之是中国美术史上一个具有划时代意义和成就卓著的伟大画家。

他不仅画画得好，被历代的书画家尊为"画圣"、"画祖"。新中国成立后，又被认定为"中国古代十大画家"之一。同时他还博学多才，出口成章，诗词文赋，无一不精。顾恺之生性直爽坦荡，为人随和；而且诙谐幽默，爱开玩笑；但也有点骄傲自夸。恺之大智若愚，有时还会假装痴呆。所以他的老上司桓温常说：恺之身体里是痴癫和狡黠各有一半，合起来评论他，正好就算平了。可说是对顾恺之的那种特有性格，刻画的一针见血，入木三分。故此历史上称顾恺之为"虎头三绝"，即"才绝"、"画绝"、"痴绝"。

顾恺之自小就极聪明。他出身于世代官宦之家，祖上都做过高官。顾恺之从小就受过系统的良好教育。那时候读的书，虽大都是孔孟之道，但也并非是我们所想象的，或者是电影、电视里看到的那样，一味地死读书、读死书。实际古时候人们的知识学习，也是很丰富和全面的。如当时规定的礼、乐、射、御、书、数，就是全面教学，那一样都是不能落下的。

所谓"礼"，就是礼法、礼貌、礼仪、礼节……。也就是人们在社会生活中都要共同遵守的社会秩序和道德规范。以现在的说法，也就是学做人。

"乐"呢？包括声乐、器乐、诗歌等。你们看，东晋时期的人，不管是民间，还是士大夫阶层，他们对音乐的爱好是极普遍的。那时"喜琴善箫"的人很多。还有像嵇康写过《琴赋》，顾恺之写过《筝赋》，说明当时对音乐研究的深入程度。直到现在还有一种乐器叫"阮"，就是"竹林七贤"之一的阮咸创造的。而且这种乐器当时就叫"阮咸"，后来才简称叫"阮"。

东晋时的诗歌也是划时代的，特别是田园诗，达到了一个高峰。

"射"是射箭一类的武术；"御"就是骑马。当然它不仅是强身健体属于体育运动，同时在当时冷兵器时代，也是一种驰骋疆场的武艺，甚至可以以此博取功名的。

"书"就是文化知识和写字。说到写字，想在这里多说两句。现在电脑普及，写字、办公、做文章，都只要敲敲键盘就行了。长期以来，学校对写字普遍重视不够。甚至很多小学把写毛笔字都挤掉了。长此以往，汉字这一中华艺术瑰宝，以后的发展情况十分堪忧！顾恺之由于画的著名，因此并未把他看成是一个著名书法家，但他的字，后人评价并不亚于同时享有盛名的"书圣"王羲之的儿子王献之的。

关于"数"，古人也极为重视算术和数学的学习。

因此古人的学习，也是强调德智体全面发展。且把礼、乐、射、御放在了前面，文化知识的学习却排在了后面，其中缘由真正值得我们深思。

顾恺之除了上述的基本知识学习外，因他家中有着丰富的藏书和藏画，他还可以在更广阔的知识领域里吸取更多的营养来丰富自己的学识。因此他也才可能达到博学多才、学贯书画的程度。

关于他的"才绝"，我们可以从以下几个方面来看：

1. 残文传千古

顾恺之一生的文学作品确实不少，但是已过去了一千六百多年，能留传到现在的，可说是凤毛麟角，片言只语。很多残章断句，不仅文字深奥，且也难以理解其意思。下面我们对流传下来的顾恺之的文学作品，仅作一简单扼要的介绍。

《顾恺之集》

顾恺之在世时就曾写有《顾恺之集》。《晋书·顾恺之传》中就说过：顾恺之所著文集及《启蒙记》行于世。《隋书·经籍志》也收有：晋通直常侍《顾恺之集》七卷、梁二十卷。这就说明，在隋朝时，皇家图书馆中还收藏着这部书，而且至少有七卷。既然有七卷，照旧时的版本，洋洋万言应该是有的，其中都是第一手的珍贵史料。可惜到唐朝时，就再也不见了它的记载。

《顾恺之家传》

在五代宋刘义庆撰，梁刘孝标注的《世说新语》中，收录有《顾恺之家传》中的一段话：（顾）敷字祖根，吴郡吴人，滔然有大成之量。仕至著作郎，二十三卒。这是顾恺之在他写的"家传"中的一段内容。

由此还可以看出，顾恺之可能还写有一部《顾恺之家传》。当然也可能就是上面说的《顾恺之集》。

《启蒙记》《启疑记》

《晋书·顾恺之传》中提到的另一部书叫《启蒙记》。但同时在《隋书》中和在无锡的地方志里又有一条：顾恺之作《启蒙记》《启疑记》。这《启疑记》又是什么内容？与前者是一部书，还是两部书？难以查证。

现在流传下的顾恺之的诗赋和其他文章，大都已只是残篇，特将它们分类统计于下。

顾恺之流传下的"赋"尚存有七个残篇：《雷电赋》《观涛赋》《冰赋》《凤赋《湘中赋》《湘川赋》《筝赋》。

《雷电赋》残留的篇幅最长，不算标点，还约有 346 个字：他在赋中不仅描写了雷电怎么来的？也叙述了雷电的声威；雷电在不同时节的不同变化；雷电发生中人们精神震动的情形。特别是顾恺之从天人相应的角度，将雷电视为惩罚邪恶的自然力量。

这是顾恺之留传下的最长、艺术水平最好的一篇赋文。

《观涛赋》

这是历史上最早描写浙江钱塘江大潮的一篇赋文。

他从钱塘江大潮的壮观景象和它的极守诚信的来去。以及它势头的刚凌扬威，却又质地的协调和谐来写。写得文采绚烂，辞藻奇绝，大势磅礴，美丽壮观，实在是一篇好文章。

《冰赋》

歌颂了冰在强劲的厉风（西北风）吹摧下的纯洁和坚贞，以及冰在不同自然环境下的多姿多彩。此文好像残缺很多。

《凤赋》

这篇赋文首先描写了凤凰的英姿：仰望着广阔的天空，振发出高远的思绪。又畅叙了凤凰的特点：她集中了各色禽鸟的优点；她五彩俱备，声音洪亮；步行规矩，姿质灵异。

《湘中赋》

"阳鸢山鸡"就剩下这聊聊四字，大体意思都很难推测了。

《湘川赋》

"其表则有滋泽晨润，雕霜夜凝。"仅残存此十二字，整个内容不详。

湘中、湘川，均属今湖南省。恺之长期在荆州为桓温和殷仲堪参军，离此较近，肯定曾亲历荆湘等地，颇熟悉当地风情，遂写有《湘中赋》和《湘川赋》。

《筝赋》

《筝赋》是顾恺之最为得意，也是他最为自负的一篇赋文。

有人问过他：你写的《筝赋》比较嵇康写的《琴赋》如何？顾恺之回答道:因为我的《筝赋》比《琴赋》后出，赏识不了的人必定以为有了《琴赋》而不以为然。但有深刻欣赏能力的人见了，一定认为《筝赋》也是相当高古奇异而十分珍贵的一篇文章。

现在这篇残文，除了描写筝的形制、文采、法度等特点，还颂扬了它的虚心而不张扬等的美德。

赞文六篇：《嵇康赞》《山涛画赞》《夷甫画赞》《书赞》《水赞》，另有一篇《父悦传》写他父亲顾悦之的。

《嵇康赞》

这是顾恺之颂扬嵇康的一篇赞文：说南海太守鲍靓，是一个能通神灵的人。有次他的学生东海徐宁住在他家里，半夜听到隔壁有弹琴的声音，觉得奇怪，就问鲍靓。鲍靓说：那是嵇康在弹琴。徐宁说：嵇康不是被朝廷杀掉好几年了，怎么又会在这里弹琴呢？鲍靓回答说：嵇康他的肉身是死了，但他的灵魂还是留在了人间！

　　嵇康（224—263）三国时魏人。字叔夜。文学家、思想家、音乐家。《竹林七贤》之一。官中散大夫，世称嵇中散。因不满当时掌权的司马氏集团，被司马昭所杀。善弹琴，一曲《广陵散》流传至今。写有《琴赋》。对琴的演奏方法和表现力，作了细致而生动的描述。顾恺之对其人十分钦佩，不仅画过他的写真像，同时还为其作此赞文。但恺之为其作赞文时，嵇康已死了百年左右了。

《山涛画赞》

　　山涛（205—283）西晋时人。字巨源。好老庄学说。与嵇康、阮籍等交游，为"竹林七贤"之一。晋初为吏部尚书、尚书右仆射。选用官吏，都亲作评论，称为"山公启事"。本与嵇康交好，并欲引荐嵇康为尚书吏部郎，嵇康不仅不受，反而与山涛写了绝交书。但顾恺之对他评价很高，认为他气质高远，度量很大，人们很难见到他的深度。

《夷甫画赞》

　　夷甫，王衍的表字。王衍（256—311）琅琊临沂人。喜谈老庄，所谈义理，随时更改，"信口雌黄"的出典就是此人。曾任中书令、尚书令、司徒、司空、太尉等要职。当时皇族争权混战，各族人民纷纷起义。匈奴贵族刘渊乘机举兵。王衍身当重任，专谋自保。后被刘渊大将石勒所俘。他反劝石勒称帝，以图苟活，被石勒乘夜把他住房推倒压死。但顾恺之很赞赏此人，认为他形象高大，犹如耸立的高山。并为其画过像，写有画赞。那也应该是王衍死后六十年左右的事了。

《书赞》

　　在《世说新语·雅量》一节中说道：夏侯太初靠着柱子在写

字，当时下大雨，惊雷击坏了他靠着的柱子，衣服也烧焦了。但他神色不变，照样在写他的字。可是那些宾客和侍从都摇摇晃晃，站不住脚。刘孝标在他的注中说："见顾恺之《书赞》"。由此可见，顾恺之写有《书赞》。但此书写的只是对夏侯太初的书赞，还是写有很多人的书赞？就不得而知了。

《水赞》

"湛湛若凝，开神以质，乘风擅澜，妙齐得一。"一共留下这四句十六字。此文虽赞的是水不是人，既然名曰《水赞》，故也暂列入赞文一类。

《父悦传》：这是顾恺之为其父亲写的一篇传记。但仅摘录了其中一节。说的是顾悦之和简文帝司马昱的一段对话：简文帝问顾悦之：我和你是同年同岁，怎么我的头发还是黑黑的，而你的头发已经如此花白了？顾悦之回答道：陛下是松柏的身姿，经了霜雪，还是那样茂盛；臣是蒲草和杨柳质地，看到秋天就凋零了。那是受天命的不同啊！简文皇帝听到如此得体的回答，对顾悦之就更加看重了。

此文虽不是赞文，因也是歌功颂德的文章，暂归入赞文一类，当否？另行商榷。

除了上述的赋和赞外，顾恺之还写下了不少其他体裁的文章：如《四时诗》《虎丘山序》《启蒙记.天台山记》《晋文章记》《拜员外散骑常侍表》《祭牙文》等。

《四时诗》

"春水满四泽，夏云多奇峰，秋月扬明辉，冬岭秀孤松。"
这是顾恺之留下的唯一一首脍炙人口、传诵千年的山水诗。

《虎丘山序》

这是顾恺之为别人写的一篇有关虎丘山文章的序言。摘抄于下，可以明显看出不全。

"吴城西北有虎丘山者，含真藏古，体虚穷玄。隐嶙陵堆之中，望形不出常皋。至乃岩崿，绝与华峰。"

《天台山记》

"天台山去天不远，路经福溪，溪水清冷。前有石桥，长数十丈（一作：长数十步），下临绝冥之涧，惟忘其身，然后能跻。跻石桥者，梯岩壁，扪萝葛之茎，度得平路。见天台上蔚然绮秀，列双岭于青霄之上。有琼楼玉阁，天堂碧林，醴泉仙物，毕具。晋隐士白道猷得过之，获醴泉紫芝灵药。"因文章较通俗，仅摘抄如上。此文肯定是一篇游记，但似乎内容也不全。

《晋文章记》

"阮籍劝进，落落有宏致，至转说徐而摄之也。"仅留下这么几句。这是一篇文章还是一部书？无其他材料可证。

《拜员外散骑常侍表》

《拜员外散骑常侍表》："不悟陛下圣恩所加，登之常伯之列，饰之貂珰之辉……"大意是说：没有想到你皇帝会如此加恩于我，登上了侯伯的行列，戴上了中常侍头冠上的装饰品……这是晋安帝司马德宗义熙初（约405—406）任命顾恺之为散骑常侍时，顾恺之给安帝的谢表残文。照例说，顾恺之和殷仲堪、尤其是桓玄相处极为密切，与殷和玄的反叛至少说有一定的牵连。但司马德宗也深知顾恺之其人，因此很大度地不仅没有怪罪于他，且还给他升了官。顾恺之因此而感恩戴德，也是很自然的。

《祭牙文》

"维某年某月日，录尚书事豫章公裕：敢告黄帝蚩尤，五兵之

灵。两仪有政，四海有王。晋命在天，世德重光。烈烈高牙，阗阗伐鼓。白气经天，简扬神武。"

这是顾恺之为刘裕北伐南燕时，军中祭祀大牙旗时写的一篇祭文。所谓牙旗，那是专为军中最高统帅建立的大旗，因旗杆上用象牙装饰，故称牙旗。义熙五年(409)五月刘裕闻南燕王慕容超大掠宿、豫两州男女二千余人，遂誓师北伐南燕，这是临时决策，并非早有计划。因此，刘裕请顾恺之写此文，也是临时动议，其时，顾恺之肯定还活着。

以上是顾恺之给我们留下的一些残文。可以看出，顾恺之在文学创作方面，也的确显示出了他的特殊才能。

2. 才思特敏捷

顾恺之除了为我们传下了上述的残文片断外，还给我们留传下了几则关于他才思敏捷、才华横溢的传说：

其一，顾恺之到桓温治理的江陵作客，形容晚霞映照下的江陵城："遥望层城，丹楼如霞。"因此得到桓温赞赏，并赏给了他两个婢女，以为奖励。前面在"交好桓宣武"一节中已有叙述。不再多说。

其二，有一次，顾恺之从会稽回来，人们问他那边的山川风景如何？他不假思索说："千岩竞秀，万壑争流，草木蒙茏其上，若云兴霞蔚。"这也是顾恺之千年以来脍炙人口的名句。

其三，大概是在殷仲堪任都督荆、益、宁三州军事、荆州刺史的时候，顾恺之在他那里任参军。当时的殷仲堪，出于政治权力的需要，与另一个军阀，桓温的小儿子桓玄相互勾结，两个人关系好得不得了的时候。他们经常沆瀣一气，除了政治、军事上的互相勾搭外，有时也搞点文字游戏。

一次，顾恺之和殷仲堪、桓玄三个人在一起玩，先是作"了"语的游戏。就是每个人讲一句话，这句话的意思都要包含一个"了"字的内容。

顾恺之第一个说："火烧平原无遗燎。"火烧得平原上一点能引起火星的东西都没有了，这不就"了"了？桓玄接着说："白布绕棺竖旒旐。"白布把棺材都捆绑好，把招魂幡都竖起来了，这也算"了"了。轮到殷仲堪，他说："投鱼深渊放飞鸟。"鱼放到深水里，鸟也放飞掉了，也有"了"的意思。

第二轮要作"危"语的游戏，也就是一句话里要包含非常危险的意思。

这一次是桓玄先说："矛头淅米剑头炊。"用枪头去捡米，用剑头去烧饭，确实危险。殷仲堪接着说："百岁老人攀枯枝。"试想年纪已经老到一百岁，攀着一根枯枝向上爬，多危险！顾恺之最后说："井上辘轳卧婴儿。"辘轳本身就是架在井口上提水用的，上面睡一个婴儿，小孩子不摔下去？都含有一个"危"字的意思。

当时，殷仲堪另外有一个参军也在场，他迫不及待抢着说："盲人骑瞎马，夜半临深池。"这两句话本也符合"危"字的意思，不想触及了殷仲堪有一只眼睛正好是半瞎的，殷仲堪就多心了，有点不满地说："太咄咄逼人了！"弄得一场游戏，不欢而散。

3. 书艺称一流

顾恺之文思敏捷，文采好，而且他的书法艺术也是一流的。他对书艺很有研究，曾写过《书赞》，可惜此书没有留传下来。

顾恺之曾与羊欣讨论过书法问题，而且讨论到"竟夕忘倦"的程度。那时他已接近晚年，因为羊欣比顾恺之要小二十多岁。

羊欣：（370—442）南朝宋书法家。书法曾得王献之亲授。梁沈约称他善于隶（正）书。并说王献之之后，羊欣可以说在书法上是第一了。当时有句谚语："买'王'得'羊'，不失所望。"意思是说：买王献之的书法作品，得到的却是羊欣的字，也不算失望。

另据记载，顾恺之和桓玄讨论过书法，但未有具体内容。可以看出桓玄虽是一个流氓军阀，但凭他对书画的喜爱和酷求，说明他和顾恺之在这方面还有一定的共同语言。

宋、明两代的大书画家，书画艺术鉴定家米芾、董其昌等，他们在研究了顾恺之的《女史箴图卷》后，都认定图上面所写箴文确系顾恺之在画的同时所写。

最近山西师范大学袁有根教授等，经过多年的研究考察，也作出了《女史箴图卷》（伦敦本）当是顾恺之真迹；且上面所书箴文也是顾恺之当时亲自书写到图卷上的。图卷上箴文的书风也确实符合晋人崇尚"韵"的时代特征。

并有研究者认为顾恺之所书箴文字类王献之《洛神赋十三行》，而又各具特点，说明顾恺之书法不亚于王献之。

顾恺之的"才绝"正好说明了顾恺之的绝顶聪明和多方面的才能。

四、传神"阿堵"

说到顾恺之的"画绝"，最脍炙人口的要算瓦官寺画《维摩诘像》的故事了。他以一支传神之笔，以不到二十岁的年纪，赢得了一次捐款百万多钱的经济效益；也赢得了顾恺之顺利达上社会、进入仕途的极大声誉。他夺取了当时社会在绘画领域的最高桂冠，这是非常不容易的。不做出惊人的努力，不付出巨大的劳动，那是无法想象的。

顾恺之在绘画领域的成就是很全面的。人物、肖像、走兽、花鸟和山水画无一不能。尤其是人物肖像画，成就最高，影响最大。他画人物画，特别强调人物的"传神"，尤其是眼睛的"传神"。

顾恺之很重视写生，但又不是现代意义上的写生，对着对象临场发挥。而是"神对默写"，把对象的各种特征、精神面貌，谨记在心，然后离开对象，再把它默画出来。他画他的亡母，画裴楷和谢鲲，都是前人，他从未见过面。而能画得如此之像、之神，这得益于他小时候就练就的这种"神对默写"的基本功。

上世纪六十年代，我随当时空军的美术组长宋彦圣等下部队去写生，正好在大理碰到贵州大学的著名美术家宋吟可、王渔父

和孟光涛先生。宋先生是画人物的，王先生是画花鸟的，孟先生则是画山水画。同行相逢，一见如故。

那时我还年轻，部队驻地都是穷乡僻壤，很少有机会见到世面。于是忙前忙后，一方面为他们做点服务性工作，另一方面向他们学习。

在与他们的接触中，我才知道：原来国画也是强调写生的。

但他们的写生很特别，很少面对对象，一笔一画地去精描细写。一样画白族模特，我是机会难得，赶快对着模特，连忙画了起来，生怕丢掉了什么。而我看宋吟可先生不慌不忙的样子，却在那里从容吸烟，偶尔在宣纸上比划几下。

时间过去有一个钟头了，我还在深入地"抠"，他才动起了笔。未及一个小时，他还先于我画完了这个白族姑娘。

我走过去一看，墨彩滋润，线条生动，神完气足，一个白族少女神采飞扬地站立在面前，且连此女发色稍黄的细节也未放过。我深深地佩服宋先生的这种写生的基本功。

宋先生还讲到国画在写生中观察事物的各种重要方法，可惜我后来因种种原因改行，未加好好学习实践。

另一个就是画花鸟的王渔父先生，他的写生更神奇。他也每天早晨出去"写生"。为什么"写生"要带引号？因为他的写生，既不带纸也不带笔，背着两手，一面观察，一面逗鸟，最多有时在手心里划拉两下。

可他回来画在纸上的鸟，却是刚才见过的鸟，活蹦乱跳，只只鲜活。

讲这一些题外话，不仅想说明至少从顾恺之开始，我国传统的绘画方法就有写生这一条，只是方法与一般现在我们所说的写

生完全不一样。科学吗？我认为绝对科学！

根据顾恺之留传下的《画云台山记》一文来看，它应该也是总结了中国山水画的写生方法和经验而写成的。这也是山水画在没有独立分科前，历史上第一次完整的理论阐述。

下面接着讲他几个画画的小故事。

1. 点睛便能语

顾恺之画人，特别重视对眼睛的描写。他在画中常常把人物画好后，而不忙着点眼珠子，有时甚至好几年了还没有点眼珠。

有一次顾恺之给别人画了一把扇子，那时还没有折扇，只有团（圆）扇和腰扇。扇面上画着嵇康和阮籍，但都只画眼眶而不画眼珠。当他把扇子送还给那个人时，那人就问了："怎么画上的人都没有点眼珠子？"顾恺之回答道："怎么可以点眼珠呢！一点了眼珠，画上的人就要开口说话了！"顾恺之的诙谐回答，说明他对点睛一节，极为重视。

2. 邻女写真容

顾恺之住在老家无锡时，尚是个小青年，但情窦已经初开，见到青春少女不免心动，有时还会想入非非。

他家住的街道口，是两排店堂。有次他从一家店门口经过，传来一个姑娘的声音，莺声燕语，十分动听。顾恺之循声把眼睛横扫过去，见从店堂内走出一位小姑娘，与他年龄相仿。十四、五岁光景，已经出落得似花如玉，风情万种。如此美貌姑娘，把个顾恺之看得心跳不已。这种感觉以前从未有过，不免心猿意马，

脸上泛起了红云。

"窈窕淑女，君子好逑。"后来顾恺之每次从学里回家，都要不由自主地绕道从这里经过，为了能看到这位姑娘。姑娘长得十分漂亮，见过几次后，顾恺之就忍不住气了，上前去想与她搭讪。但这位姑娘极为本分，非礼勿视，连正视的眼光都没有给顾恺之一个，更不用说与他答话了。

顾恺之似乎有点失魂落魄，心里总是闪现着这个姑娘的影子。

日子稍长，顾恺之经过观察，就偷偷把这个姑娘在白麻纸上画成一幅画像，以解相思之苦。像画得很好，姑娘的神韵表现得十分到位。尤其姑娘对着人们的笑容，着实把恺之看得自己心里也热乎乎的。当时还没有什么图钉，他找来几枚玫瑰花枝上的棘刺，随手就把画像钉在了墙上。

随后的几天，恺之一没有事，就会对着姑娘的像，说些不着不落的、连自己也弄不清的话，有时面对着姑娘的像，怔怔发呆。

这天放学回家，开开书房门，不意一阵风来，把姑娘的画像吹得拍拍作响。他怕把画像吹落下来，连忙又找来几枚棘针，把画幅重新加固了一下。

顾恺之仍是天天从姑娘家门口经过，但已经好几天没有见到这个姑娘了，他忍不住去问了她的邻居。邻居说：也不知怎么回事，小小年纪突然犯起了心痛病。一连几天，无锡城里的郎中（医生）都看遍了，也没有见好。

恺之听了，也弄得自己心疼不已，但又无法去安慰和帮助她。

悻悻然回到家里，就径直奔去书房，想对着姑娘画像，默默祈祷她的病赶快好起来。

可他突然发现上次加固的那几根棘针，其中有一根正好钉在了姑娘的心口上。他心想：该死，怎么把棘针钉在了所爱姑娘的心上了？就赶快上前去把那根棘针拔了下来，并用手指头把破损处抚平。

第二天下午，他又在老时候、老地方经过姑娘家住处时，只听到里面又传出了那种熟悉的银铃般的声音。

他从门口向里看去，只见姑娘好像一点病都没有的样子，坐在天井里绣花的绷架前，一边说笑，一边手里在忙着刺绣呢！

恺之心想着：姑娘的心痛病，是不是自己在她画像上错钉棘针所致？他赶忙走回家中，把姑娘的画像从壁上小心翼翼地取了下来，把它卷好，拿着又赶到姑娘处，就把那张画送给了这个心仪的姑娘。

姑娘一看画，竟是画的自己，脸上涌起了一朵红云，惊喜地怔怔站在那里，半天都说不出话来。

大家都说顾家的虎头少爷画画得如何的好，但她从未见过虎头的画。今天看到虎头竟把自己画到了画上，画得那么漂亮，画得那样风姿绰约，怎么不从心底里喜欢呢？旁人看了都是啧啧称赞：画得真像活神仙下凡了。

姑娘一面连声道谢，一面再三端详，她也发现在画像的心口处，却有一点小的破损。

一来二往，两人熟悉了起来，姑娘对他也很热情。要照现在的说法，可能算是堕入爱河了。

《晋书·顾恺之传》中说："女从之"，就是说姑娘答应和他好了。有否此事，值得存疑。因为东晋时男女交往虽比过去开放，但是婚姻上的门阀观念根深蒂固，讲究的就是门当户对。尤其恺

之长在如此显赫之家，婚姻上肯定没有他的丝毫自由。再说这个邻家姑娘要嫁进顾家大门，可能难比登天，甚至做妾，当小老婆都不一定可能。最后的可能，只能是劳燕分飞。

3. 丘壑藏谢鲲

谢鲲（280—323）字幼舆，陈郡夏阳（今河南太康）人。他是东晋名臣谢安的伯父。

这个人少年的时候就很有名气了。他的言行不受世俗礼法的拘束，认识问题站得高又看得深，学问很好。能歌善琴，倜傥风流，生活上却是不修边幅。

谢鲲这个人很高傲。晋明帝司马绍还未当皇帝时，有次问谢鲲：你和庾亮都是朝廷的重臣，官也当得不相上下，可你跟他比，自认为怎么样？谢鲲回答道：如果说端坐在朝廷里，做百官的典范，我不及庾亮。但要说喜欢山水林壑，那我就比他强多了。

谢鲲是一个有能力，有魄力，而且清廉勤政的官吏。但由于他不避权奸，慎行直言，往往就会得罪他的顶头上司。

最早他在长沙王司马乂处当个小官，司马乂老看他不顺眼。有次他都没弄明白是为了什么事，司马乂要打他屁股。他就自己褪下裤子，要让司马乂打，脸上却始终镇定。后来在其他人的劝说下，不打他了，他也若无其事地站起来，束着裤子，根本没说一句：饶他不打之恩。

司马乂这样对他不礼貌，他又跳槽到了东海王司马越处当了个"副官"。心直口直，当然喜欢他的人少，没有多久司马越又借故除了他的名。

当时的名士王玄、阮修等看不入眼，要为他打抱不平。他也

不以为意，照样唱他的歌，弹他的琴。

后来他在王敦处当长史，他处处劝王敦要好好用人，更不要随便杀人。后来他看出王敦有造反的迹象，更劝王敦不能有非分之想。王敦听了很不高兴，就把他放到州郡当地方官去了。

他安心治理郡事，肃偷盗、整贪赃，百姓很是喜欢他。后来王敦造反，他却因此而逃过一劫。但他死得早，只活了四十三岁。第二年王敦死后，朝廷追赠了谢鲲为太常，谥曰"肃"。

顾恺之为谢鲲画像，应该是在桓温处当参军的时候。

谢鲲要比恺之大六十几岁，顾恺之生时，谢鲲已经死了二十多年了。谢鲲有个儿子谢尚（308—356）官至镇西将军，卫将军。但此公死时，恺之还不到十岁。那么这《谢鲲像》肯定是应谢鲲的孙辈之邀所画。

恺之之所以能画像、画好自己从未谋面的人物形象，首先，还是靠他一手的"神对默写"的基本功；在大量调查研究的基础上，抓住人物形象最具典型的特征和特点，力求画像、画好。第二，顾恺之又能抓住典型环境来烘托这一典型形象。他把谢鲲画在了林壑之间、岩石之中，这就恰到好处地表现了谢鲲这个人的寄情山林的典型特征。因此也就更加符合谢鲲的精神面貌和性格特点。

4. 三毫更添神

我们现在再来看顾恺之画前朝美男子裴楷的故事。

裴楷（237—291），字叔则，河东闻喜（今山西闻喜县）人。这个人风度和精神特别好，容貌和仪表又俊俏爽朗，就是着件粗布衣服，蓬乱着头发，也是气宇不凡。当时人称他为"玉人"。

　　裴楷不仅是个"美男子"，而且才华出众，做官也做得非常得意。他原在曹魏朝廷中做官，司马炎任抚军时，特意选了裴楷做他的参军。西晋建立后，他一路顺风顺水，一直做到相当于丞相的"中书令"。

　　裴楷经常在朝廷里评论汉朝和曹魏的盛衰，意思是劝皇帝要接受前朝的教训。

　　有一次晋武帝问他："天下人如何评论朕的得失呢？"裴楷直言不讳地回答："陛下之所以不能和尧舜相比，就是因为朝中还有像贾充这样的人在。"贾充是什么人呢？贾充就是后来的白痴皇帝司马衷的老丈人；丑陋皇后贾南风的父亲。此人本事不大，但是依仗他女儿是皇后，惯弄权术。

　　司马衷即位后，因他什么都不懂，大权全部落入贾南风的手里。贾后掌权后，借故就把她的政敌杨骏（皇帝司马衷的外公）给杀了。而裴楷是杨骏的姻亲，也即被收捕入狱，差一点也被杀了头。

　　贾南风的这一倒行逆施，随后就酿成"八王之乱"。司马家的王族之间，互相残杀，这场内斗持续了十六年。其间，汝南王司马亮和老臣卫瓘掌权，但随后又被贾南风镇压，裴楷恰恰又是司马亮和卫瓘的姻亲，又被列入了必杀之列的黑名单。他躲到岳父王浑家中，一夜换了八个藏身之所。后来事态平息，倒也没有治他杀头之罪。但是吃足了姻亲的苦头。几次引退而不准，最后悲愤成病，只活了五十五岁就死了。

　　画裴楷像，顾恺之又是如何设计的呢？

　　裴楷是个"玉人"，也就是说是个美男子。根据裴家后人们的描述，恺之很快就把《裴楷像》给画出来了。大家都说画得像。

裴家的后人更是说：像极了。可是顾恺之并不满足于像，他看来看去，像是像了，美是美了，但总是感觉在刻画裴楷的精神气质上，缺少点什么，画得并不到位。后来他冥思苦想，在裴楷漂亮的脸蛋上加了三根飘飘然的毫毛，这一下才把裴楷那种既俊美明朗又具有深刻认识事物发展规律的能力，给充分表达出来了，大大胜过原来未加毫毛的时候。

5. 飞白云蔽日

晋孝武帝太元十七年（392），顾恺之已经四十多岁了。当时殷仲堪在荆州当刺史，授都督荆、益、宁三州军事，坐镇江陵。顾恺之又被殷仲堪请去那里当了参军。

殷仲堪这个人，是个饱学之士，在文学上很有成就，著有文集十二卷。

殷仲堪在荆州，正好碰上荆州大水，人民生活困难，他每次吃饭只用一个木托盘，里面放一碗饭和四碗菜蔬。这在当时比起那些穷奢极欲的官僚来，是十分节俭的了。但此人是个光说不会做的人；大事做不来，对别人则好行点小恩惠。

殷仲堪却是个孝子，他当晋陵（今常州市）太守时，有次他父亲病了，为父亲请医治病，衣不解带，还亲自生炉子熬药。因为长时间烟熏流泪，结果一只眼睛给熏瞎了。

顾恺之很佩服殷仲堪的文学才能，也很敬佩他的孝顺。所以很想给他画个像，也算拍拍这个顶头上司的马屁吧。

结果顾恺之把这件事情给殷仲堪一提，殷仲堪感到自己本来就长得一般，又瞎了一只眼睛，画出来肯定不好看。就推辞说："我长得太丑，画像就免了吧。"

　　顾恺之说："明府（对上司的尊称）您可能就为那只（瞎了的）眼睛吧！若是我先把眼睛画好，然后再在那只有毛病的眼睛上，用"飞白"的方法扫上一笔，这不就像轻薄的云彩，遮掩着太阳一样，怎么会不美呢！"殷仲堪听后，想想顾恺之画的画，没有不好或不美的，又听了他画画的"新方法"，也就答应了。

　　这里还要说说这个殷仲堪，他是个文学家，又是个清谈士。如果你在文学上好好发展，肯定会有更大的成就。清谈也可以，著书立说，说不定也能搞出点名堂。而且他还是个出名的孝子。可他偏偏要投身到那个政治斗争的旋涡里，去和"政治家们"一样，纵横捭阖，总想从中捞取好处。这根本不是他的强项。

　　荆州本来就是桓温的老根据地，他的儿子桓玄野心勃勃，根本不把你殷仲堪看在眼里。有次与桓玄在马前玩，桓玄竟把一种叫槊的兵器，往殷仲堪身上捅去，虽然没有捅着，也是不应该的，至少是不礼貌吧。

　　参军刘迈看了，出来指责桓玄，桓玄就很不高兴。事后殷仲堪对刘迈说："桓玄是个狂人，你今天这样做了，他一定会把你杀了，你赶快跑吧！"晚上，桓玄果然派人去杀刘迈，幸亏刘迈跑得快，没有被杀。殷仲堪真是一个窝囊废，自己部属的安全他都保证不了。

　　征虏参军胡藩劝殷仲堪，少与桓玄勾搭。但殷仲堪明知不好，却依然故我。顾恺之在旁看着，会没有想法？

　　结果殷仲堪仍和桓玄勾结一起，去帮王恭反对司马道子，王恭失败，他也只能灰溜溜退回江陵。

　　后来看出了桓玄的居心，才与桓玄反目，互相残杀起来。但他又不是桓玄的对手，结果战败被俘，只能自杀。

顾恺之在殷仲堪处当参军这段时间，大概不长，最多两三年。因为后来有一段向殷仲堪借了布帆回江南去的记载。

关于这次回江南，研究者有两种说法：一是父亲亡故，回家奔丧"服丁忧"去了。所谓"丁忧"，就是古代人死了父母，子女须持丧三年（又一说守坟三年），三年内不得婚嫁喜庆，为官者还须离职。二是顾恺之不满殷仲堪和桓玄的所作所为，也可能已经看出此二人都不会有好下场，所以借口回江南去了。此段历史，对顾恺之十分重要，到底如何，已无材料可证，暂作存疑。

几个小故事都是说的顾恺之的画，画得绝、画得好。但顾恺之这样画得绝的画又何止这几幅呢！所以说是"画绝"画不绝。

五、痴黠各半

关于顾恺之的"痴绝"，潘天寿先生总结他有四项：好谐谑、率真通脱、痴黠、好矜夸。

顾恺之在他不到二十岁就被桓温选去当了大司马参军，并甚见亲昵，除了他的文学才能和绘画才能外，诙谐和通脱的性格也是一大原因。《晋书·顾恺之传》说他好谐谑，人们都喜欢和亲近他（爱狎之）。顾恺之也的确为人平和，与世无争，与人无争。他的上司喜欢他，同事都喜欢他。连当时最霸道、最难伺候的桓玄一时间也与他相处得也可以。他有时喜欢开开玩笑，吹吹牛皮，夸夸自己。这是他率真通脱性格的必然表现，甚至有些人把他的这些人格特点，作为戏弄他的材料，他也还是我行我素。

对此，历来人们有种说法，认为顾恺之是"假痴真黠"。假痴，就是装疯卖傻；真黠，就是掩盖他"明哲保身"的真实意图。桓温说："顾长康体中痴黠各半，合而论之，正平平耳。"

清朝乾隆、嘉庆年间，无锡有位读书人叫嵇承咸的，他在刊印的《梁溪书画徵》一书中，对顾恺之"痴绝"有一段很有见地的论述，现把他大意翻录如下："顾恺之处在东晋小朝廷之间，又为"大奸慝"（原义如此）桓温的幕僚，不借"假痴佯狂"避

世，怎能"明哲保身"？俗人以为他"痴绝"，未免只看到点皮相。桓温桓玄父子是何等样人？羡慕王敦为"可人"，又逼晋明帝出走。如果顾恺之像王敦的纪室参军郭璞那样，敢说敢谏，不说一橱画失去，一张柳叶可以骗他，还能保持一身的"妙艺"？生在国家混乱的时候而能克制自已而自保，那是明智之士的苦心。"

稽承咸，字小阮，又字子进，江苏无锡人，山水画家。他在乾嘉年间，发现已湮没了二百多年的一本《书画传习录》，那是明初大画家，九龙山人王绂（字孟端，1362—1416）所写的，但只是个手抄本，这是王绂研究古人艺事的一本好书。稽承咸于1813年把它刻印出来，并公之于世，本来也是一件好事。可是稽承咸在刻书时，却把王绂的著作加上了许多自己的意见。

平心而论，他的有些说法也并不算错，但他把原文窜改割裂，变得杂乱无章。有些是王绂的原话，还是你稽小阮的看法？也混淆不清。更有甚者，王绂生于元末、明初，却把明末才到中国传教的意大利人利玛窦的事情也记在其中，于是王绂原作的面目便大为失真。稽承咸又在书后附以他的作品《书画续录》，以便和王绂的著作共垂不朽。用这种方法来给自己"留名"，可以说也是用心良苦。但稽承咸这种"借光生辉"的做法，只能让后人耻笑而已。

顾恺之"痴绝"的例证很多，下面我们仅提供几个小故事，以飨读者。

1. 逐渐入佳境

有一次，顾恺之约了几个朋友出去玩，那时虽然还是春天，走在路上，已经感觉到很燥热了。当头的太阳，更是晒得人口干

舌燥。看到路旁有个买甘蔗的小摊贩，于是顾恺之提议，大家坐下歇歇脚，顺便买几根甘蔗解解渴。于是大家拣荫凉处坐了下来。恺之就吩咐随从的仆人去买甘蔗，并交代把皮削了，要洗得干净一点。不一时，仆人拿了一捆已经削皮洗净的甘蔗过来，恺之又一人一根发到了大家手中。于是大家嘻嘻哈哈，就在树荫下啃起甘蔗来。

突然有人发现了一个情况：大家吃甘蔗都是从根部开始往梢头吃，因为，甘蔗靠根的一头最甜。只有顾恺之一个人，是从梢头开始往根部吃的。

"傻瓜，吃甘蔗嘛，要从根吃起，那个地方甜!"有人讽刺恺之是"傻瓜"。

"你才是大傻瓜呢。"恺之反击这个讽刺他的人。

"你们只知道那里最甜先吃那里，没有想想这样吃，愈吃愈没有味道。我的这种吃法是愈吃愈甜。这叫什么？这叫渐……"

"渐入佳境!"大家异口同声地说。

2. 倾泪哭桓温

顾恺之从瓦官寺画《维摩诘像》开始，画名蜚声京城内外。后被大司马桓温看中，延揽入府中，并被破格提拔为大司马参军，时间匆匆，已有七年。

不想桓温壮志未酬，中原未复，却于东晋孝武帝宁康元年（273），撒手归天。顾恺之从一个不太懂事的小青年，初入仕途，得到桓温的事事关心，处处照顾，对这个顶头上司的关心、关怀，恺之当然也是念念不忘，感恩戴德。失去这样一个"好领导"，一个良师益友，一个"忘年交"，怎么能不心如刀割，悲痛欲绝!

他为桓温的死，作诗道：山崩溟海竭，鱼鸟将何依。把它形容为山崩海竭，像我们这些"鱼鸟"到哪里去找依靠啊？并在桓温的墓前大哭了一场。

人家问他：你把桓公看重到如此程度，当时哭的形状怎么样？顾恺之说：声音象像震雷劈开山峰，眼泪像大河里的水倾注入大海一样。

恺之此说，虽然太夸张，但顾恺之哭桓温，应该说是真情实感的流露。

3. 翳叶能蔽身

顾恺之在殷仲堪处作参军时，因为桓玄是老上司桓温的爱子，又是自己从小看着桓玄长大的，殷仲堪又跟他打得火热，出于礼貌，所以当时的恺之也与桓玄一直互有来往。

桓玄这个人从小就是个公子哥儿，目中无人。恺之虽大他二十几岁，又是他爸的挚友，却从来不把他看成父叔辈，开口闭口喊"长康"。

但桓玄对书画的嗜好，似乎比他老爸还要迷，到了强征暴敛的地步。据说他行军打仗还不忘把书画都带着走。他对于书法，还能胡吹乱侃一通。

虽然顾恺之对他的为人处事极为反感，但议论起字画来，似乎还有点"共同语言"。

有一次，恺之在桓玄处作客，临走时，桓玄拿出一片柳叶来，一本正经地对恺之说：我最近得到一件宝贝，叫翳叶，是知了（蝉）所用的物品，只要把它放在身上，就可以把自己隐蔽起来，别人就根本看不见你。

恺之知道桓玄又在出鬼点子，搞恶作剧，但又不能不理他。便不置可否地说了句："是真的吗？"

"绝对是真的，不信你试试。"桓玄肯定地说。恺之想：你拿在手里，都没有把自己隐去，这种小把戏骗谁去！但嘴里还不能直说。对于桓玄递过来的那片柳叶，只能勉强接了过来。

恺之刚把柳叶拿在手里，还没走两步，桓玄就拉开裤子正对着他小便起来，差点浇在他的身上。

"嗳，嗳！你把小便尿到我身上了！"恺之说。

"啊，啊！对不起，那是我没有看到你的缘故！"桓玄嬉皮笑脸地回答道。

《晋书》上说顾恺之"尤信小术，"还说顾恺之相信自己拿了那片柳叶，桓玄就看不到自己了，而且还非常珍贵地保存了起来。那是不实之词。这种小玩意儿，三岁小孩都骗不过，顾恺之又不是弱智，能信以为真？这里又一次说明顾恺之的"痴黠各半"，那仅是为了躲避权贵、明哲保身的一种权宜之计。

4. 妙画通灵去

顾恺之以委屈求全、明哲保身的手段，周旋于权贵官宦之间，虽然在时间和空间上为他的绘画艺术的发展都赢得了比较好的条件，但他在精神上的压抑和违心，外人可能根本是无法想象的。

其间，最大的一次打击莫过于寄存在桓玄处的一橱画，全部给被把画寄存在桓玄处的时间，估计是顾恺之在殷仲堪处当参军的后期，已经决心离开当时政治、军事争斗的旋涡。

为什么要先寄存在桓玄处？因为当时的桓玄，凭借父亲的余威和传下的爵位——南郡公，很可以耀武扬威于一时。何况此人

年纪虽轻，心计却是十分了得，将来可能还有大的作为。他占据的姑孰城，也就是现在的安徽当涂。本来就是他老子——桓温所建，几十年的建设，基础已经十分稳固。顾恺之想，把画寄存在那里是最安全最稳当的。一是桓玄的父亲与自己的关系，正可算是"好极了"。自己和桓玄的关系，虽说不是很亲密，至少也从未得罪过他。二是姑孰为桓温老巢，后来桓玄接手，还从没有人去碰过那里，安全形势比较稳定。三，从交通上来讲，其地又正好处于江陵和建康之间。一旦江陵有事，自己便于轻装脱身，然后再去取画返回建康。

还有一种说法，那是顾恺之在殷仲堪处做参军，请假还江南，殷仲堪还破例借了一张布帆给他。但船到破冢那个地方，遇上了狂风，危险把船都吹翻了。由于船工们的处置及时正确，才把船安全靠了岸。那个地方已离姑孰不远，所以顾恺之就想，先到桓玄处再说。一方面向殷仲堪写了一封信，说是在破冢那个地方遇到大风，真正是破冢（冢：坟墓）而出一样，幸好人员安全，布帆也好好的。算是报了一个平安。一面想把他一生心血凝结成的珍贵书画先寄存在桓玄处再说，以便于自己轻装赶路。

顾恺之登上岸后，来到桓玄府里，把要寄存的画又作了一番整理，桓玄在旁看得十分眼红。

"长康，你这些花了一辈子心血画出来的珍贵作品，寄存在我处，这件事算你是做对了。你想，如今普天之下还有哪处地方，比我姑孰安全、保险的了？"

"灵宝兄弟，那我就全拜托你了。"顾恺之喊着桓玄的乳名，以表示亲切。

"长康，此事你绝对放心。"桓玄老滋老味，别说"叔"，连个

"兄"也省掉了。

"我叫下人们把它放在水淹不着，火烧不到的地方好好保管。另外，为了更加保险起见，你再把它贴上封条。"桓玄替顾恺之的一橱画的安全想得多仔细！

"那就麻烦灵宝兄弟了。费心之处，定当后谢。"恺之心存感激之情，实心实意地说道。

"你我之间，还分什么彼此？说什么谢不谢的。到时候，能送我一张墨宝，吾愿足矣。"桓玄的话，肯定让恺之既感动又感激。

于是恺之写好封条，又叫人打了浆糊。细心地封贴在橱门上。

过了一些时候，顾恺之因时局动荡不定，自己年老多病，决定辞职返回建康，也就顺道来姑孰拿他的一橱画。

桓玄仍是非常热情地接待了恺之。叫人把那只藏画的木橱抬了出来。恺之见着木橱完好如初，心里也很开心。根本就没有想桓玄会偷他的画！立即叫人抬去装船回建康。

"长康，你倒是要打开再检点一遍的，看看有没有少了。"桓玄假惺惺地提醒恺之。

恺之想，既然桓玄这样诚意，倒不妨打开来看看，以使大家放心。再说上次灵宝也说过，应该送他一幅画的。

前橱门均完好无损，封条都像刚贴上去的一样。但他刚一打开橱门，恺之心里就嘣的一惊，只见橱内已经空空如也。他跪了下去，还不如说软瘫了下去。双手去摸橱内，才发现橱后木板已经撬动过。这一下他才彻底明白：这橱画已给桓玄偷盗个精光！

急也无益，哭也无用，他镇定地站了起来，拍了拍自己身上的灰尘。

"啊，老天哪。只听说人修炼到一定程度，就会飞升登天做神

仙去了。而今，我的这橱画竟也通了灵性，像人一样变化登仙去了！"恺之压抑着内心的痛苦对天喊着。

"怎么回事？怎么回事？"桓玄见此情形，故意上前来问。一听恺之此说，竟也就顺势下了台阶："过去只是听说人能修成神仙，如今你长康的画竟也会成仙！说明你长康画的画也是通了灵气的，所以才会变化而去。"

恺之是又好气又好笑，如今我碰不起你，但可躲得起你。如果弄得不好，桓玄倒打一耙，那可不是闹着玩的，到时候可能连老命都送掉！"既然一橱画都通了灵气成了仙了，那就让它们成仙吧。画嘛，还可以再画！"恺之看着桓玄的脸，自顾自地说。

"对，对，留得青山在，不怕没柴烧。画嘛还是可以再画的。"桓玄像是在对顾恺之说，更像是在自我解嘲。

自此，恺之回建康后，再也不与桓玄有什么往来。

顾恺之看着这个小字辈的成长和灭亡，仅仅只有三十八年。有人说，顾恺之"曾寄迹于桓玄的门下"，至少至今我还未曾见到有此史料。

顾恺之一生到底画了多少画，并没有统计。但传到唐朝尚有七十多幅。顾恺之的艺术创作活动的大多数时间，应该说是在荆州江陵的这一段。这时正是恺之年富力强的时候；也是艺术创作力最旺盛的时候。恺之寄存在桓玄处的那一橱画，肯定都是精品力作，都是顾恺之自己认为是最好的作品。数量多少，现在当然很难估计。但我想不会少于一百幅。

桓玄很快就自取灭亡，这橱画也就跟着他的失败而烟消迹灭。

5. 月下自长吟

顾恺之最后一次离开江陵返回建康，已是暮年。顾恺之表面上好像恋着个官位，因为那是他的"衣食父母"。对于政治，他并不醉心。特别经过后来殷仲堪和桓玄的相互拼杀、桓玄的叛晋称帝被杀，让顾恺之对这纷纭世事，更加有了透彻的认识。幸好他对这些"大事"保持了应有的警惕，及早离开了那个是非之地，因此也就没有更深地卷进这些政治旋涡中去，保住了自己的名节。

也因为恺之的处世态度的通脱放达，朝廷不仅没有追究他与桓玄和殷仲堪的关系，竟还授予他员外散骑常侍的官职。直使顾恺之受宠若惊，感恩戴德地给晋安帝司马德宗上了一个谢表。其实这仅是司马德宗为了安定人心之举，尤其对像顾恺之这样一个对朝廷忠心耿耿，且又德高望重的老臣来说，它的意义和作用就更大一些。

这时正好隔壁搬来了一个青年名士，年约三十，名叫谢瞻。谢瞻（391—426）字宣远，一名檐、字通远，陈郡夏阳人（今河南太康）。东晋著名政治家谢安族人。年六岁，就能写文章。辞藻文采之美，与族叔谢混、族弟谢灵运，不相上下。

恺之有这么个邻居，真正是求之不得，因此二人经常谈论诗文直至深夜。可谓是忘年之交。

这天黄昏后，天气尚热，二人都在自家园子里乘凉。

那时园子围墙都很矮，恺之个子又高，他早已看到谢瞻躺在竹席上，把个枕头垫得高高的，一面品茶，一面闭目养神。

恺之隔着墙，把他喊起：如此朗月长夜，岂可白白放过，我们来做吟诗游戏吧。

　　谢瞻此时精神尚好，于是和恺之你来我往应酬了几首。不想恺之一时兴起，精神振奋，一直只顾自己连作带吟，弄得谢瞻只有不断叫好的份儿，根本插不上嘴。

　　时间稍长，谢瞻已经连连打起了哈欠。看看实在撇不住瞌睡，就叫过家人，交代只要恺之每吟完一诗，你即学我腔调，连声叫好即可。

　　这边恺之只管兴之所至，连连吟诗，围墙那边则连连传来叫"好"声，恺之那去思索是真是假！这样直到天已微明，自己也已感到有点累了，才站起身来，也不与隔壁打个招呼，嘴里尚在喃喃自语，拍拍屁股，径直回他屋内睡觉去了。

六、追寻《维摩诘》

顾恺之于公元 364 年，东晋穆帝兴宁二年，在京城建康初建的瓦官寺北小殿里画了一幅"维摩诘演经图"，俗称《维摩诘像》，引起了全城极大的轰动，这是顾恺之以他小小年纪走出无锡，来到当时的京都——建康的亮相之作，成名之作！

我们在前面"艺惊瓦官寺"一节中，已经介绍过顾恺之在瓦官寺画《维摩诘像》的情况，这里再继续说一说《维摩诘像》的其他情况。

平心静气而论，顾恺之画的《维摩诘像》，为什么会被当时的人看得如此神妙无比呢？

首先，顾恺之以他"初生牛犊不怕虎"的精神，彻底改变了当时陈陈相因的画风而创造了一种与过去的画风完全不同的新的绘画方式和表现技法。绘画不仅是要画得像，也不仅在于画出故事情节，而更重要的是要细致入微地刻画人物内心的精神状态，特别是对眼珠——这个人的心灵窗户要倾注全力，狠下工夫，把它画好，这称之谓"传神"。这是顾恺之在绘画领域的一个伟大的发现和创造。

顾恺之的这个创新，给予人们在艺术上的视觉冲击力是空前

的，所以才会造成"光照一寺，施者填咽，俄而得百万钱"的效应。

同时，我们还不能忽视这幅壁画之所以得到当时社会的重视和肯定，它有一个更深层次的社会政治原因和思想意识原因。

魏晋时期的社会是动荡的、动乱的。社会矛盾和民族矛盾交叉并存。尤其是门阀士族之间的斗争更是残酷而激烈。不说普通百姓，由于连绵不断的战争，大大破坏了生产和生活秩序，弄得饿殍遍野，民不聊生。统治阶级内部，也是你死我活，斗争不断，人们普遍没有安全感。就是做个皇帝，也仅是个傀儡。由此造成大部分人没有目标，得过且过，醉生梦死的局面。地主士族之间，泛滥着追求玄学，崇尚清谈的避世思想。他们追求着那种生活的安定舒适，思想的无限自由。但是这一些在嘈杂的现实生活中是找不到的。于是乎他们向往山水间，寄迹竹林处；不着边际地高谈阔论，自由自在地吟诗啸曲。逃避社会，逃避现实。

我们再来看看这个维摩诘居士，他是一个什么样的人呢？

原来顾恺之所画的维摩诘，是佛教传说中住在毗耶离城中的一个大富翁。维摩诘是个殷实财主，经济条件十分的好，他有花不完的钱，吃着丰盛的食物，拥着美妻娇妾……但他却精通佛法，又有辩才，宗教修养更是人人称颂，并超度过不少人。

维摩诘是一个笃信佛教而又没有出家当和尚的人，所以大家都称他为"维摩诘居士"。"维摩诘"是梵语的音译，后来中国人也有把他译成"净名居士"的。这位居士甚至还曾与由释迦牟尼佛派去的文殊菩萨辩过经，辩得是"天花乱坠"！这样的一个人，这不正好是魏晋时期那些门阀士族阶层所极力追求的榜样吗！吃得好，穿得好，妻妾成群，还能自由自在夸夸其谈，"普度众生"

……顾恺之以他创新的美学思想和技艺，把维摩诘这个人的思想状态和精神境界，以至他的生活方式都恰到好处地表达了出来，也正好迎合了当时社会的这种主流意识，因此而兴起了共鸣。

顾恺之以他十七、八岁的小小年龄，在建康瓦官寺画下了旷世名画《维摩诘像》，不仅为瓦官寺解决了当时的建设经费问题，而且轰动了京城，同时也为自己赢得了千古声名。不论顾恺之当时有多大年纪，应该说这是顾恺之这幅壁画成功的最大原因。

唐代张彦远在《历代名画记》中说："顾生（恺之）首创《维摩诘像》，有清羸示病之容，隐几忘言之状。"

为什张彦远说顾恺之"首创"呢？

因为在顾恺之前，一般的人物画，还只是注重情节上的描写，只有到了顾恺之，才着重人物精神状态的深入刻画。顾恺之创造了一个清瘦睿智、博学沉思的鲜明形象。这一形象，不仅更生活化、世俗化，更能让普通群众所接受，而且也活生生地刻画出了当时士族知识分子所追求的，但在绘画中首次出现的新的形象。与时代同步，并因此而产生了一种社会共振现象。又由于他的年龄小，也更加剧了这种现象的共振频率，达到"光照一寺，施者填咽，俄而得百万钱"的效果。

从现代学的观点来看，顾恺之和惠力等僧众们的广为宣传当然也是一大原因，他们的广告策划也是成功的。

现在有一些人总是拿我们当前的情况，去对比一千六百多年前的顾恺之。总是怀疑十七、八岁的高中生，能有如此能耐？这样类比，永远搞不清当时的"顾恺之现象"！

总之，顾恺之成功了，而且是十分年轻就成功了！

1 《维摩诘像》的坎坷经历

顾恺之的这幅壁画，经过了一千六百多年的风霜岁月，现在早已湮灭无存，但它的坎坷经历，确也让人们扼腕叹息。

顾恺之的这幅《维摩诘像》壁画，在唐朝初期可能还保存在瓦官寺里。诗圣杜甫在唐玄宗开元二年（714）游江宁（今南京市）时，看到过这幅壁画。并在当地朋友许八那里得到了一个"维摩诘图样"（可能是摹本）。

另一个唐朝诗人杜牧（803—约852），也是顾恺之壁画《维摩诘像》的历史见证人。他在出任池州（今安徽贵池）刺史时，路经金陵（今南京），还去了瓦官寺观瞻顾恺之的壁画《维摩诘像》。他看到瓦官寺即将倾圮，顾恺之的珍贵壁画随时可能湮灭，十分痛心和不安。他专门招募了一些画工，把《维摩诘像》摹写了十余本。

对顾恺之壁画《维摩诘像》破坏最大的一次，就是"会昌灭佛"了。

"会昌"是唐武宗李炎的年号（841—846）。唐代后期，由于佛教过度扩张，佛教寺院的土地不用交税，僧侣们又可免除赋役，严重影响了国库的收入。同时寺院地主和俗家地主的矛盾也日益突出。加上当时对泽潞（唐代河北的一个藩镇）的用兵，急需用钱。于是唐武宗在道士赵归真的鼓动和宰相李德裕的支持下，发动了一场灭佛运动。

下令清查天下佛寺，除长安、洛阳左右街各留一寺，天下诸郡各留一寺。分别上寺留二十人、中寺十人、下寺五人。其他诸寺，限期拆毁。共拆毁寺庙四千六百余所，私立僧居四万所。拆

下来的材料用于修缮政府衙门，金银佛像上交国库，铁像改制农具，铜像钟磬用来铸钱。没收寺产良田数千万顷，僧尼还俗二十六万五百多人，释放奴婢十五万、役人五十万以上。政府从中得到大量财物、土地，并因此而增加了大量纳税户。这是一场寺庙地主和世俗地主矛盾的总爆发，佛教遭到空前的打击。

在这场灭佛运动中，金陵瓦官寺当然也不能幸免。但还是有它庆幸的地方，那就是因为顾恺之《维摩诘像》壁画的名声实在太大，且主持这场灭佛运动的宰相李德裕，以前在浙江西路当过观察使。当时浙江西路的范围，包含江南的苏、浙、皖各一部分，南京、苏州、宣州都曾为其治所。

但到李德裕当浙西观察使时，治所就在润州，即今镇江。并在镇江创立（实际是重建）了甘露寺。

这次毁佛寺运动，这一地区就是甘露寺不毁，而且还把管辖范围内寺庙里的著名壁画，都移置到了这里。其中就有顾恺之的《维摩诘像》。这当然是不幸中的大幸。

但是一幅壁画已经过了四百八十多年的历史，当时的保存技术和保存条件又差，经过从南京搬到镇江的大折腾，其后果是可想而知了。

后来又被当时的工部尚书卢简辞派人取了下来，装入木匣中，藏在家中。唐宣宗大中七年（853），此事不知怎么搞的，让皇帝李忱知道了，他就叫当时已经当了寿州刺史的卢简辞拿了出来，赐给了他一些金钱和布帛，并在朝廷上让百官都来观看。试想一想：一幅壁画最小不会小于一平方米吧，诸多岁月，诸多折腾，不知还能看清点什么！后来被收入内府，从此《维摩诘像》就再也没有了任何信息。

以上是顾恺之壁画《维摩诘像》的生死路程。

这幅壁画肯定曾有摹本。杜牧就曾组织画工临摹了十余本，还有传说有人曾根据摹本，刻于石上。但到底刻在那里？既无具体记载，也未见有任何踪影。时光流逝，风云变幻，这十多个摹本，竟也没有一本能流传至今，十分惋惜。

我们现在所能见到的《维摩诘像》，只有敦煌壁画和传为唐朝吴道子（680—759）画的《维摩诘像》，比较接近顾恺之的《维摩诘像》。唐·张彦远在《历代名画记》中说：张墨（西晋人）、陆探微（424—471）、张僧繇（502—549）都画过《维摩诘像》，但都没有顾恺之的画得好。

2. 杜甫诗《维摩诘像》《瀛洲图》

上面讲到唐朝诗圣杜甫在唐玄宗开元二年（714）在出游江宁时，曾去过瓦官寺，并在当地的一个朋友许八那里，得到过一幅《维摩诘像》的临摹本。这幅《维摩诘像》对杜甫的震憾是不小的。以致在二十七年后，他在长安送许八回江宁探亲时，给他写的一首诗中，还发出了"看画曾饥渴，追踪恨渺茫；虎头金粟影，神妙独难忘"的慨叹。

"金粟"是金粟如来的简称。"维摩诘"在中文中又译作"金粟如来"。而且这位"诗圣"，对顾恺之画的颂扬，还不止一两次。如在"秋日夔府咏怀"诗中写道："顾恺丹青列，头陀琬琰镌"。"顾恺"即顾恺之。又在"题玄武禅师壁"中写有："何年顾虎头，满壁画瀛洲"等。都透露出这位大诗人对顾恺之的称颂和赞扬。

从上述杜甫诗中还可以看出：顾恺之除了画有壁画《维摩诘

像》外，还画有另一幅壁画《瀛洲图》。

杜甫（712—770）晚年，于宝应元年（762），应高僧玄武禅师之邀，曾到今四川省三台县的一个佛寺作客。在该寺的一处墙壁上写下了一首诗，《题玄武禅师屋壁》："何年顾虎头，满壁画瀛洲。赤日石林气，青天江海流。锡飞常近鹤，杯渡不惊鸥。似得庐山路，真随惠远游。"

译成白话文就是：那一年的顾恺之啊，在这满壁的墙上画了这《高士瀛洲隐居图》。但见鲜红的太阳映照着云雾缭绕的石林，青天遥接着江海的激流。志公和尚的锡杖飞舞着靠近白鹤道人的仙鹤，乘着木杯（未知是木筏还是独木舟）渡海而来的高僧连海鸥都未惊动。看了这幅壁画，就好像找到了去庐山的路，真的随慧远和尚一起远游去了。

这首诗里还有两个典故：

锡飞常近鹤

梁武帝（503—548）时，高僧志公和尚和白鹤道人都想去山中隐居，梁武帝让他们各自用自己的信物记下要想去的地方。于是白鹤道人放出了仙鹤，志公和尚则祭起锡杖飞入云中。等到仙鹤飞到那个地方时，锡杖早已立在了山头。于是梁武帝就以它们停立的地方，为他们筑屋居住修行。

杯渡不惊鸥

有个海外的高僧乘着木杯渡海而来，虽然速度飞快，但连海鸥都没有惊着，人们称他为杯渡禅师。

可能顾恺之画过很多壁画，仅因为当时没有记录，或史料已经湮灭，所以不为后人所知。从中还可以知道，顾恺之确曾到过四川，并在那里画过壁画。

七、愤绘《女史箴》

1. 《女史箴》的由来

《女史箴》，是西晋张华写的讽谏当时皇后贾南风的一篇文章。

西晋到武帝司马炎的晚年，统治集团的内部矛盾日益突出。尤其是他死后，继承皇位的惠帝司马衷，本来就是个白痴。开始朝政均由太傅杨骏说了算。司马炎前后娶了杨骏的两个女儿——杨艳和杨芷，因此杨骏可算是司马炎的铁杆老丈人。司马衷又是杨艳所生长子，杨骏是他的外公，当然辅助朝政，肯定尽心尽力。

等到惠帝接班，当了皇帝，偏偏是个白痴兼傻瓜，只要吃饱穿暖有女人玩，哪管什么天下大事。

不要看司马衷呆头傻脑，但是他的那位皇后贾南风，却是个工于心计、深谙权谋的人。贾南风人长得十分丑陋，而生性酷虐，荒淫放恣。对于宫人，稍不如意，就亲手刺杀。经常叫心腹太监到宫外物色美男，藏在箱子里，拉入内宫，供其淫乐。几天下来，稍有厌烦，一杀了之。惠帝司马衷戴着个绿帽子，他也无所谓，也根本不管这些。

惠帝临朝，贾南风却独坐在珠帘之后，随意插嘴，群臣敢怒

而不敢言。只有太傅杨骏看不下去，说了几句："天无二日，民无二王，今皇上正当年富力强，政治多能，不需要垂帘听政，扰乱治体，请速还后宫。"什么政治多能，那是一个假话，但这一下着实得罪了贾后。

贾后就与她的谋臣设计，诬陷杨骏造反。结果把杨骏的公馆烧了，人也给杀了。

早已失去权威的杨骏二女儿、太后杨芷，贾南风当然更不会放过，先将她废为庶人，最后也被杀了。

由此开始，激化了皇族之间的深刻矛盾，造成了后来连绵十六年的"八王之乱"。

朝中老臣大都是明哲保身之辈，背后发发牢骚都不敢。只有张华，算是胆大包天的了，写了这篇《女史箴》，旁敲侧击，想是对贾后做正面教育吧。

但是你张华费了九牛二虎之力，挖空心思写了这篇传颂千古的美文，而这个贾皇后可能连看都没看过一眼。就是看过，一是领会不到你张华的良苦用心；二也不会去联系自己的实际作点自我反省。

再说，要是真让贾大皇后看出了张华的用心，可能张华的脑袋还要早搬家十年！

《女史箴》主要是录取历史上的妇德信条和箴言，加上一些实际的例子，来规范宫廷女子的言行。它当然主要是为当时的封建社会的意识形态服务的。也是为当时的理想社会规定的社会秩序，因此它具有当时社会的根本特点。

2. 画"女史箴"的缘由

晋朝的宫廷斗争，终其东西两晋，可说一直绵延不断。一个皇帝，满宫女人，争宠夺爱，也是常情。问题是皇帝本身，是以国事为重，还是沉湎于酒色。

武帝司马炎，取得政权后，自视天下太平，"饱暖思淫欲"。尤其是灭了吴国之后，听说诸多将士把个吴宫伎妾，大都掠归洛阳。他就下了一道命令，凡是掠得的吴宫宫女，一律送入宫中。武帝逐个点验，个个都是花容月貌，冰肌雪肤。把个武帝看得龙心大喜，一齐收纳，约有五千。分派至各宫居住，随时听用。

因为都是美人，后来他也懒得选调，索性乘一羊车，满宫乱跑。羊车停到哪里，他就在哪里过夜。

有些狡黠的宫女便想出一法：宫门上插着鲜嫩的竹叶，地上又洒上盐水，引诱羊车驻足，让那羊儿吃叶舔盐，于是一哄而上，把个武帝抬入宫内。

当然开始还是见效，但时间一长，人人妨效，那些羊也就我行我素，不加理会，仍然乱跑一气。

到了江山变色，偏安江南，宫廷内部此种情况，竟未稍改。

东晋太元二十一年（396）秋，孝武帝司马曜，他已经做了二十多年的皇帝了。终日沉迷于酒色之中，有时连上朝议事都懒得去。其时后宫里有个张贵人，撑着自己的几分颜色几分手腕，把个孝武皇帝迷在自己身上。其他嫔妃免不了产生醋意，冷嘲热讽起来。张贵妃听了，本来已经恃宠生娇，因骄成妒，恨不得一个人霸住皇帝，享福终身。心里就憋着一股气。

那天孝武帝情绪很好，已经喝得有几分醉意。但忽然感到面

前这个美人，似有不悦之色。就端起酒杯，邀她陪饮，但张贵人却百般推托。孝武帝有点窝火，再次叫宫女斟酒，自己先是一饮而尽，张贵人拗不过，只得稍稍喝了一口。

孝武帝一看火了，说她故意违命，必须罚酒三杯。

张贵人这时竟也忍耐不住，先是责怪宫女酒斟得太满，接着又对孝武帝说道："陛下也应节制饮酒，若老是这样常醉不醒，恐怕又要加罪于我了。"

孝武帝说："你今天违令不饮我赏赐你的酒，就应议罪。"

张贵人站起身来说："我今天偏是不饮，看皇上怎么加罪我。"

孝武帝也起身冷笑道："你不必多嘴，你年纪也快三十岁了，比你年轻美貌的，我后宫多的是，难道一定靠你一个人！"

说到最后，不想头晕目眩，喉咙里面的酒肴忍不住喷将出去，吐得张贵人花容月貌，霓裳艳衣，浑身肮脏。宫女们赶快过来，扶起皇帝，服侍睡下。

不想孝武帝头一着枕，就已昏昏睡了过去。

这里张贵人自得宠以来，从未受过如此恶气。今天听了孝武帝已嫌她年大，就要废弃的话，想想也是：如今年虽大，貌尚美，还可应付一阵。等到年老色衰，早晚被废，冷宫日子，如何得过？

也罢，与其你明天废了我，不如今天我就先"废"了你，拼个鱼死网破！

打定主意，先自己洗了脸，换了衣裙，叫来心腹宫女，说是如此如此。

宫女听了，吓得魂灵出窍，面有难色。

张贵人顿时柳眉倒竖，怒喝道："你若不肯依我，我先把你

一刀两断!"

宫女无奈,只得与张贵人一起,走到御榻前面,先用被子蒙住孝武帝的头,更用重物压住了他的身体。如此皇帝,竟经不得两个女人的一番手脚,不多一会,就已气绝身亡。

张贵人与心腹宫女立即拉好被子,移去重物,大呼小叫地哭了起来。说是陛下"因魇暴崩"。就是说皇帝做噩梦死了。

当时皇太子司马德宗,据说还不如先前的白痴皇帝司马衷,哪能问得多少事情。朝中大臣各有打算。有的虽有怀疑,但总想张贵人正是宠妃,哪敢杀了皇帝?事情也就模糊了过去。

但没有不透风的墙,等到隐隐约约传出去,事情早已时过境迁。既无证据,又无证人,谁还来管这个闲账。

这个张贵人后来结局如何?历史上也没有什么记载。

顾恺之其时正因各种原因,赋闲在建康家中。闻此信息后,感到宫廷腐败,全由宫廷妇女不讲妇德而引起。因此他想到了前朝张华写过的《女史箴》。应该把它画出来,让女人们,尤其是宫廷里的女人们都来讲妇德,那天下就会太平不少。

不能拿我们现在的观点去拔高顾恺之,那不是唯物主义的历史观。顾恺之当时也不会有我们现在的这种认识水平。

随后,顾恺之就画成了这幅《女史箴图卷》。

3. 《女史箴图卷》解析

下面我们来看看顾恺之是怎样来画《女史箴图卷》的。

西晋时期张华的《女史箴》,一共写了十五段。顾恺之基本上是逐段逐节分别来画的。但现在残存的《女史箴图卷》,只有后面的九个图。前面的几段,顾恺之画了些什么,我们现在也很难猜

想。现分别简析于下。

第一段是写：浩渺而深远的宇宙，原本是一团混沌的元气，但是它在不断地运动着，逐步分出了阴阳和天地，形成了万事万物的大千世界。大自然就是这样不断地发展着、创造着。

第二段：古代帝王庖牺氏，开始注意到大自然跟人的关系，并以大自然发展的道理，来治理人与人的关系。从此就有了夫妇、君臣和上下尊卑的秩序。家庭伦理道德得到了端正，帝皇治理天下也就有了依据。

第三段是说：妇女的德行崇尚温柔，心里一定要存着法度和规矩，保持着自己的贞操和美德。要委婉、和蔼、贤惠和谨慎地把自己放在家庭中的一个正确的位置。结婚后，要虔诚恭敬地主持家事；严肃慎重地注意自己的容貌举止，以古代有美德的妇女作为自己的榜样。

以上三段是属于说理说教，都比较抽象。

第四段"樊姬感庄"，说的是：楚庄王有个夫人叫樊姬，她看楚庄王喜欢打猎，不关心朝政，因此就劝他不要老去打猎，耽误国事。但楚庄王就是不听。后来樊姬对楚庄王打猎弄回来的野味，坚决不吃。坚持了三年，终于感动了楚庄王，改正了他老去打猎而不关心朝政的毛病。

第五段"卫女矫桓"：齐桓公喜欢听淫秽的靡靡之音，他的夫人卫姬进谏不听。从此卫姬就再也不和桓公一同听那"郑卫"之音。所谓"郑卫"之音，大概就是低级的音乐。齐桓公受到感动后，就一改过去喜欢听靡靡之音的习惯，而去听那高雅的音乐。

上面这五段的内容，在现存的《女史箴图卷》里都已经没有了。

第六段"玄熊攀槛"。现在的《女史箴图卷》，是从这里开始的。汉元帝在宫廷动物园看斗兽，一只黑熊不知怎么逃了出来，向元帝他们走来。这时陪侍皇帝左右的贵人和傅昭仪等都吓得赶快逃走了，只有冯媛直面挡住了熊的去路，左右侍卫赶忙上前把熊给杀了。汉元帝事后问冯媛："人家见熊都吓跑了，你却为什么挡住了熊？"冯媛说："我怕熊伤了陛下，所以以身挡住它。因为猛兽面前只要站着人，它就会暂时停止不前的。"元帝听了非常慨叹她的英勇行为，对她就更敬重了。

画上共画了元帝和另两个妃子，还有两个举矛刺熊的侍卫，都是面带惊恐之色。那两个妃子不说，就连汉元帝自己，虽佩着剑，都吓得连防身的武器都没有想到抽出来。两个侍卫手持武器，一个一脸惊恐，一个侧着身子，以便于后退逃生。只有冯媛正面挡住了熊的去路，那种镇定自若、临危不惧的神态，表现得相当到位。

第七段"班婕辞辇"，即现存图卷的第二段，画的故事是说汉成帝在后庭游玩，他想与班婕好同乘一辇（辇，音捻，一种由人挽着而行的车，汉以后专由皇帝和皇后享用，称帝辇、凤辇）。班婕好推辞说："我看古代的图画，圣贤的帝王，都是名臣在侧。只有末代昏君，身边才有宠爱的女人陪伴。我今天如果与陛下同辇，您不就跟末代皇帝差不多了！"汉成帝见她说得很对，也就不再让班婕好同辇。这不是说班婕好不愿意与成帝同辇，而是让成帝不因为这些微小的偏差，而影响了考虑国家的大事。

画上是八个宫人挽着汉成帝的车辇，缓缓前行，脚下踏着碎步，把画面处理得很有动感。在辇中汉成帝回头注视着随辇步行的班婕好，一面倾听着班婕好的陈词，脸上露出惊讶的表情。而

成帝的右面还有一个嫔妃或者皇后，却是那种听了班婕妤的话，内心非常震撼，却又不敢正视身后班婕妤的尴尬场景，可谓处理的活灵活现。班婕妤那种神态自若的表情，也处理得很好。只是班婕妤身后还有一个特别漂亮而又款款前行的嫔妃，既不是前一图"冯媛挡熊"里的人物，又与本图不太相干，根据箴文书写的规律（均在每一图的右边）来看，她更不是本图里的人。有人称此人"两眼望辇似作思想斗争的神态"，也觉牵强。还不如说她神态自若，从容悠闲更符合画上实际。不知是谁？还可作进一步研究。

第八段即现存图卷的第三段，"道罔隆而不杀"，说的是：道路没有隆起的地方，就不会有下坡；事物没有盛极的时候，也就无所谓衰退。太阳到了正午，就一定会向西偏斜；月亮圆满的时候，就要开始残缺。一个人德行的累积，就像尘土垒积成高山那样慢。但一个人的失败，犹如扣了机弩一样，速度快而无法挽回。

这一段完全是说的抽象的道理，照例说是很难用具体的形象来表现的。顾恺之却调动了各种艺术手段，以各种可视形象来阐释哲学道理。他画了尘积的高山，繁茂的物象，画了由彩云烘托着的太阳和月亮，太阳里有一只三足乌，月亮里则画了玉兔。"替若骇机"，这句话本来是极难表现的，顾恺之则画了一个人半跪在那里，准备扣动弩机把箭弩射出去的样子。表现了"攀弓没有回头箭"的意思。

第九段即现存第四段：人们只知修饰自己的容貌，而不知道要修养自己的品德和性情，这样就容易失礼而犯各种错误。只有经常不断地检讨错误，加强修养，克服杂念，才能当得了圣人。《女史箴》是对宫廷妇女的箴言，所以顾恺之也以宫廷妇女为背

景，来表现这一主题。右边是一嫔妃在照铜镜，左边是一个宫女在为另一个嫔妃梳理头发。顾恺之以生活中的照镜子和梳理头发来隐喻道德修养，也可说是恰到好处。

另外这幅画在反映生活的真实性方面，也是一个范例。例如当时还没有后来意义上的桌子，最多也只有几案，一般都还只有"席地而坐"，或者"席地而跪"。地上放置着的梳妆物品，也很古色古香。更可以从另一方面印证此画的确切年代，甚至就是出于顾恺之的原作。

箴文第十段即现存第五段的大意：如果你的话是正确的，千里之外都会有人响应你。但如果你的话违背了大义，那么就是睡在一个被窝里，也会对你产生疑惑。画中画了一张床，床上坐着一个妇女在对丈夫说着什么，男子侧坐在床沿，倾听着老婆的讲述，但是表情上却是露出"你讲的话是不是真的？"

这里有一段话（即箴文）："不要看你说的话很微弱，实际上关系着一家人的荣辱。不要以为你的话都是背后说的，别人没有听到。但是没有具体形象的神灵，他却时时刻刻地在暗中监察着你。"这几句话的意思，应该是在这一段里的，现在却写到第六段前面去了，暂作存疑。

箴文第十一段，现存第六图：不要夸大你的崇高和荣耀，天道最不喜欢讲得太满太过。不要依恃你的富贵，太张扬了就会坠落下来。天上三三两两的小星星，也该顺应它的存在；就是螽斯这样的小虫，和谐共存，就会不断地昌盛繁荣。

顾恺之在这里主要表现了家庭生活的和谐。画上除了君王和王后外，又画了两个嫔妃、五个大小不一的子女，一片和谐敦睦的家庭生活的美好景象。

箴文十二段，现存第七图：主要劝解宫廷妇女：欢乐不能太贪，宠爱不能太专。专宠往往产生轻慢，爱到极点就会要改变。太过圆满，一定会开始亏损，这是很平常的道理。漂亮的人自己以为长得漂亮，反而会受到苛责。专靠打扮来讨好人，君子是很痛恨的。原来缔结的恩爱，后来断绝了，实在都是出于这种原因。

画上一个打扮得十分妖艳的女郎，主动走上前去搭讪前面的男人，但被前面男人拒绝了。

现存第八图：所以说：小心翼翼，兢兢业业，这是幸福兴盛的原因。静静地而又恭敬地经常反省自己，荣耀的显现就有盼望的日期。画上一妇女席地而坐地在静心自思。

现存第九图：掌握着宫廷妇女们礼仪典籍和箴言的女史，经常要提醒和告诫众嫔妃注意自己的道德修养和生活准则。画上那个女史面对两个款款而来的嫔妃，用笔在记录着什么。

整个画卷的最后，有"顾恺之画"四字。历史上一直认为是后人所添。山西师大袁有根教授经过多年研究和大量书法文字的比对，认定《女史箴图卷》上的箴文和最后落款，都是顾恺之亲笔所为。袁有根教授等认定《女史箴图卷》为顾恺之真迹，在他们的著作《顾恺之研究》中有详细论述，很有见地。读者如有兴趣，也可找来一读。过去认为"纸寿千年，绢寿八百"的结论，也并不正确。上世纪七十年代在长沙市马王堆发掘的西汉古墓，出土的丝织品和帛画，都已超过了两千年。就说《女史箴图卷》以前认为是隋唐摹本，也已远超过一千年了。凡此种种，袁有根教授认定《女史箴图卷》为顾恺之的真迹，在科学上也是有依据的。

4. 《女史箴图卷》的去向

《女史箴图卷》最早见于著录的，可以追溯到隋朝，《隋书·经籍志》记载：张湛撰《古今箴铭集》十四卷中，有《女史箴图》一卷。张湛，有二人，一为晋孝武帝时人，一为南北朝时梁人，可能应是后者。因前面的张湛死在孝武帝时，此时顾恺之尚未画成此画。

唐朝贞观年间，曾收入内府，并被编号为"卷字柒拾号"，唐末流入民间。北宋米芾《画史》中说：《女史箴》横卷在刘有方家。宋徽宗政和年间收入内府，《宣和画谱》有著录。十六世纪中，据称曾藏于明朝大贪官严嵩家，后又转辗于多人之手。乾隆年间，又归于清宫，现在画上以乾隆的印章最多，弄得乱七八糟、喧宾夺主。

1900年，八国联军攻陷北京，为英帝国主义分子基勇松大尉劫去。1903年仅以二十五英镑卖给了大英博物馆，收藏至今。其间大英博物馆曾请日本人修复过，但经过日本人之手修复后，整个长卷就卷不起来了。

据说二次大战后，英国政府曾因中国军队在缅甸战场解过英军之围，想以《女史箴图卷》或者一艘潜艇回赠中国，以示感谢。据说蒋介石选择了潜水艇。此事报料很简单，就那么几句话，且在中国的军舰中也从来未见"英国造"，不足为凭。

但是这幅画确是帝国主义分子打上门来抢走的，理应归还给我们，这也应该是天经地义！所以，现在这幅旷世名画，仍暂时流落国外。我们想一睹芳容，也还十分困难。只有待我祖国够强大之时，那么，也是这幅名画回归之日。我们期待着！

八、情寄《洛神赋》

1. 曹植与《洛神赋》

《洛神赋》是三国曹魏时，曹操的三儿子曹植的一篇名作。

曹植（192—232），诗人，字子建，谯（今安徽亳县）人。曹操第三子。小时候就聪明睿智，文武全才，尤长于文学。且胸怀大志，早年曾获曹操宠爱，一度想立他为太子。建安九年（204），他跟随其父征讨袁绍攻克冀州，首先入城进入袁绍府中。见到了甄逸之女，也就是袁绍的儿媳妇、袁熙之妻——甄氏，两人一见钟情。但当时尚在战乱时期，未及深谈。等到事件平息，曹植请求曹操把甄氏赐给他，但曹操未曾同意。相反曹丕却已把甄氏接入自己府中，并逼其成了婚。曹操装聋作哑，也就默许了。

这事对曹植来说，属于初恋，刻骨铭心，但又无可奈何，一下子情绪就急转直下，丧失了叱咤风云的斗志。整日与一些文人雅士，沉湎于诗酒之中。建安十九年（214），曹操率曹丕南征东吴，留下曹植守邺城。这给曹植和甄氏有了经常接触的机会。他们时常相约于窗前月下，缠绵悱恻，各自倾吐着内心的爱意和痛苦。这时甄氏已30多岁，曹植也已有二十三、四岁，两人谈得浓

烈时，索性就同寝共枕于闺房密室，嬉戏于温柔乡里，度过了一段甜蜜的爱恋生活。

此时又激发了曹植建功立业的雄心壮志，写出了《东征赋》一类具有蓬勃朝气的词赋。但没有不透风的墙，由于有人告密，其兄曹丕还是知道了这些情况。苦于没有真凭实据，此事也就搁了下来。但曹丕对甄氏的冷落和迫害，却是与日俱增，直到最后借故赐死。死后还用糟糠塞在她的口内，让她披头散发、脸都不洗一下就下葬。可知曹丕的刻骨之恨了。

曹植明知这是撞他而来，肝肠寸断，可也毫无对策。平心而论：曹丕明戴着个绿帽子，心里能不窝火！一直到曹操死（220）后，曹丕代汉称帝，改国号为魏，改元"黄初"。为了铲除政敌，曹丕一直把曹植看成是他政治前途中的主要对手。但又看到曹植在政治上那种提不起来的样子，他也只有以种种方式来戏弄和迫害曹植，以泄私愤。

曹植的爵位一贬再贬，他的封地也一再缩小，且所处的地方也越来越穷，他过着在严密监视下囚徒一样的生活。还要经常叫到朝廷中去遭训斥。黄初三年（222），这次又被曹丕叫进京去，要问他"滥谤"之罪，但又无什么证据。最后曹丕拿出了甄氏生前用过的金镂玉带枕，问曹植："这个你认识吗？"曹植那敢回话，只有痛哭。曹丕最后还把这个枕头"赐"给了曹植。

曹植明知曹丕有意在刺他的心，也只能是逆来顺受。

要照曹丕的意思，曹植早已被杀了，哪管你是什么亲兄弟？这里有一个人起了关键作用。那就是他们俩的亲生母亲——卞氏。有了卞氏，曹植的几次危难关头，才转危为安；曹丕也才不敢更进一步迫害他。但对曹植来说，这也无异于用钝刀子割

肉，每次都是痛彻心扉。甚至在曹丕死后，他儿子曹睿相继做了皇帝后，曹植仍然备受猜忌，根本没有把他这个叔叔放在眼里。

最后曹植郁郁而死。曹植生前被封过"陈王"，死后谥"思"，所以世称陈思王。

《洛神赋》是他朝见了他哥哥——曹丕后，在返回住地途中，心情很不畅快，假托看到"洛神"而作的一篇赋文。当时的题目就叫《感甄赋》。当了魏明帝的曹睿看到后，认为此赋有悖封建礼教，且有损曹家的声誉，就把它改成叫《洛神赋》。

现在我不揣冒昧，把它翻成白话文于下：

黄初三年，我去京师朝拜天子，回来时渡过洛水。古人传说：洛水的女神叫"宓妃"。我有感于战国时的宋玉对楚王遇见神女之事，写过《神女赋》。我也就写了这个赋，这篇赋是这么写的：

我从京城，办完事情，要返回东方的封地——鄄城。离开了伊阙山，翻越了辕辕山，经过通谷，登上了景山，此时的太阳已经向西斜去了，车马都很疲劳。于是在铺满芳香的杜衡草的河岸上卸下了车，让马儿在长着芝草的田里吃草歇息。我在杨树林中安然闲适地散着步，放眼欣赏着洛水边的美景。忽然感到精神飘忽，思绪震慑，低着头未觉察什么，猛一抬头看到了一幅奇特的景象：一个漂亮美丽女子，正在山边崖畔。我喊来马夫问道：你看到那边的哪个女子了？她是谁呀？如此的美丽漂亮！马夫对我说：听说洛水的女神，叫做"宓妃"，不过您看到的不知道是不是？她的形状和相貌如何？我倒愿意听听。

我告诉他说：她的形状啊，像受惊后翩翩飞起的鸿雁，又像委婉腾越的游龙；容颜鲜明像辉耀着秋光的菊花，青春华茂靓丽像春天的青松；若隐若现象轻云遮掩着明月，飘飘荡荡犹如流风

吹起回旋的雪花。远远望去，像皎洁明亮的朝霞拥着冉冉升起的太阳；靠近察看，像婷婷玉立在绿色的波涛之中璀璨的荷花。丰满苗条，恰到好处，高矮胖瘦，美感适度。秀美的肩部几乎像用刀削成的那样，细柔的腰肢又像是束住了的白绢；颀长秀美的颈项，裸露出白嫩的肌肤。不洒香水，不涂脂粉，乌云般的发髻高高耸立；修长的细眉，微微弯曲；显露着的红红嘴唇，衬托着里面晶莹洁白的牙齿。明亮动人的眼珠顾盼动人，两颊美丽的酒窝，位置非常适中。姿容瑰丽、明艳高雅，仪表文静、体态贤淑，柔顺的性情，妩媚的姿态，连讲出的话都是那样的迷人。奇异的服饰，旷绝人间；骨骼和相貌就像图画中的美女。披着的绫罗衣裳明净艳丽，美玉做的耳环雕刻精美；戴着黄金和翡翠制成的首饰，点缀满了稀世珍珠映耀着美丽的身躯。脚穿着绣有花纹的远游鞋，拖曳着像薄雾一样的纱裙；隐隐散发着幽幽的兰香，在山边上缓步徘徊。

忽然，她放纵自己的身体跳跃了起来，一面散步一面嬉戏。左边依傍着用旄牛毛做装饰的采旗，右边遮蔽着用桂木做杆的旗帜；挽起衣袖露出洁白的臂腕伸向洛水中去，采摘着湍急河流中黑色的灵芝。我深深地爱慕上了她的贤淑和美丽，心情振荡而不畅快。苦于没有良好的媒人去传达我的爱慕之情，只能凭借微微的水波来联通我的言辞。愿我的真挚的情感能先于别人向她表达，解下腰间的玉佩与她相约。感叹美人的太过完美，不仅懂得礼仪还通晓诗文。她也举起了美玉与我应答，指着深深的潭水作为与我约会的日期。我心里充满着真情实意的眷恋，又恐怕美丽的女神也会将我欺骗！传说曾经有两位女神在汉水边，赠给郑交甫白玉以定终身，后来却背弃信言，顷刻之间就再也不见。因此我惆

怅犹豫、将信将疑。收敛了和颜悦色，镇定了自己的情绪，告诫自己要严守礼法来约束和克制自己。

这时，洛神也感动了，彷徨徘徊、留恋不去。五彩的神光忽明忽暗，忽隐忽现。束起轻灵的身躯，像仙鹤一样伫立，将要起飞而还是徘徊而未飞。踏着香气浓郁馥烈长满椒兰的小道，走在流动着芳香阵阵的杜蘅丛中，惆怅地长长吟咏以倾诉她心中永久的思慕，那声音是那样的激越悲哀而十分悠长。

于是，众多的神灵呼朋唤友，有的在清澈的流水中嬉戏，有的飞翔在洲渚上，有的在采集明珠，有的在捡拾翠色羽毛。跟随着从南面湘江上过来的娥皇和女英两位妃子，携带着汉水之滨的女神。可叹的是自己像匏瓜一样孤独而无匹配的人，只能像牵牛星一样咏叹着寡居独身。她扬起随风飘扬的轻薄上衣，举起修长的袖子长久地伫立。身体的迅捷如同突然起飞的野鸭，飘飘忽忽像神仙一样。她轻盈地在水波上慢慢地行走，脚下溅起的水珠，就像生出的尘土。

行动没有一定的常规，有时很危险，有时很安稳。进退也难预料，像是前行，却又像返回。顾盼之间的眼神，流溢着光彩；美丽如玉的容颜，光亮滋润。话还没出口，气息却像馨香的幽兰。华丽姣美的容貌和婀娜柔和的身姿，竟然让我忘了进餐。

这时，风神屏翳收起了风，河神川后也让波涛平静下来；河伯冯夷敲起了鼓，女娲则用清声唱着歌。跳跃着的文鱼警卫着女神的车驾，响起了玉鸾都准备乘车而去。六条驾车的神龙庄严整齐地齐首并进，那云车就高低起伏地蜿蜒而行。鲸鱼和大鲵夹侍在车驾两旁，水面的禽鸟飞翔着卫护车辇。

于是，越过北边的沙洲，翻过南面的山冈，她转过白皙的颈项回首相望。扬起清秀的细眉，启动朱红的嘴唇，慢慢地说着话，以陈述交往和接触的大义。只是恨那人和神的道路的不同，悲怨着在青春盛年时却不能如愿以偿。举起绫罗的衣袖以掩盖流着泪水的眼睛，眼泪却沾湿了衣襟。悲悼这美好的相会从此就永远断绝，哀伤这一去便隔绝在异乡。没有办法以一点点的微小情意来表达自己的爱，只有献上这江南出产的明珠了。她也在申述：我虽然隐蔽地居住在太阴这个地方，但却会长久地思念您的啊！

忽然间，洛神已不知道去了何方！连影子也怅然地隐去了她的光彩。

于是，我离开了低处，走上了高陵；脚虽在走，但我的神思却还停留在原地。怀着她留下的情爱，想象着她娇美的容颜，回头眺望着她离去的地方，满怀哀愁，真期望着女神会再次出现。驾驭着轻舟逆流而上，飘浮在长长的河道里而竟忘记返回。绵绵不断的思念使我对她更加的爱慕，一整夜的耿耿相思而没有睡着觉，身上沾满了浓重的寒霜一直到天亮。

我命令仆夫们准备好车驾出发前行，马上又要踏上东归的路程。拉着马缰，挥起马鞭，惆怅地徘徊着，久久不愿离去！

2. 《洛神赋图卷》评介

画卷的开头画了"车殆马烦"，曹植一行停下休息的情景。现在的"故宫本"，只有马没有车；而"弗利尔白描本"，则多了一车、一马和两个人；"辽博本"前面这段情节全没有，但赋文却是从"黄初三年……"开始的。因此，根据赋文内容，可以看出这开头一段，白描本是比较齐全的。"故宫本"则缺一车一马两个人。"辽博本"前

面一段全缺，而赋文并不是原有的，可以断定是临摹时添加上的。

第二段是描绘了曹植在洛水边散步，偶遇洛神的情景。曹植那种惊诧的情状，从面部表情到形体动态，都刻画得十分传神。曹植两手拦住随从们停止前进，似乎人们如果再迈出半步，都有可能把洛神惊跑的样子，跃然画上。惟故宫本少了一个琴童，"辽博本"则少了一个随从。

洛神的出现，赋文有长长一段的描写，而在图卷中同样用了较大篇幅，作了深入描绘。形像地用惊鸿、游龙、秋菊、春松、蔽月、朝阳、芙蓉（荷花）等来衬托洛神的美貌。只是"辽博本"绢丝已严重缺失，损伤了洛神形象的完整。

这里对洛神手中所持之物略作说明：根据沈从文先生考证，洛神手中所持之物叫"麈尾扇"。上面的装饰是用大鹿的尾巴做的，"既可清暑，又可拂尘"。但这里有两个洛神却未曾执扇，一个是伸出手臂去那湍急的水流中采明珠，因一手挽袖，另一手伸向水手，不能再画拿着扇子。但"左倚采旄，右荫桂旗"的那一洛神却也未曾画扇，未知何意？抑或是临摹时给丢失了。

这里在"辽博本"和"白描本"中都有一组曹植向洛神求爱的画面。这是图卷中曹植和洛神的第一次正面交接。曹植在随从的扶持下解下了身上的玉佩（腰带），洛神则举起琼琚（美玉）以为响应。这一情节十分重要，可在故宫本中给"丢失"了。

接下去的四组人物，共七人，都是描绘神仙们来陪伴洛神的情景。但辽博本却只有两组四人，缺了后面的两组三人，绢丝拼接甚乱，可能是重新装裱时就已经破损不堪了。

"进止难期，若往若还"。这是又一次曹植和洛神的正面交接。自此以后，情况就急转直下。

于是，屏翳收起了风，川后让波涛平静了下来，冯夷敲起了要打道回府的鼓，女娲则唱着清冷的歌。似乎好戏要宣告收场的样子。这些描写和描绘，恰恰都表现了曹植和洛神内心精神状态的振荡和起伏，增强了对观众的艺术感染力。

接下来是曹植和洛神的第三次正面交接，洛神已骑坐上鸾凤，向曹植告别，"悼良会之永绝，哀一逝而异乡"。这是一次人生道路上的生离死别。

洛神的云车起程，可说是描绘得波澜壮阔，浩浩荡荡，场面宏大，气势恢弘。一个龙首人身的驭者，驾着有六条神龙拉的云车，车身华贵，伞盖臻美，旌旗飘扬，前行迅捷。文鱼在当着洛神的警卫，鲸鲵在车的两边侍候。"水禽翔而为卫"，似乎在画上未有反映。这一部分可算是全卷最为精彩的了。但是洛神对此却表现的心不在焉，无可奈何，她关心的只是身后的曹植。因此，她屡屡转回白皙的玉颈，一步一回头地用目光与曹植交流着彼此的爱意。华贵而宏大的场面，反衬了洛神内心的孤凄。

洛神的描绘到此为止，下面就只有曹植一个人的思念、期盼、和忧伤了！最后，无可奈何地驾车东归。但他没有绝望，仍是回过头来，热切地注视着洛神消隐的地方，几分向往，几许期待！

顾恺之在此图卷的创作中，当然首先要考虑到曹植原作的精神，何况原作本身无论哪一方面，都已具有了极高的水平。但同样是艺术作品，诗赋和绘画两者的性能（或说功能）却是完全不同的。诗赋长于在描写中勾动或调动读者的联系、想象空间。而绘画虽也有此类的要求，但应该说它比之诗歌要直观得多，主要以直观形象取人。顾恺之是很懂得绘画的这种基本性能的，也很懂得运用绘画的特点，来再创造出《洛神赋》中的各个艺术形象。

他尤其能掌握整个故事情节的节奏，把画幅上的人物组织成起承转合的各色艺术形象，让观众跟着画中的人物一样地悲喜怒乐，一样地逐渐向前推进。他调动绘画领域中的一切艺术手段，如线条、色彩、构图、联想、形状、对比、矛盾、大小、软硬、动静、横竖、疏密、比兴……，来深入刻画艺术形象。

洛神这一形象当然是《洛神赋》和《洛神赋图卷》中的最主要的人物形象。曹植在赋中已经把她描写得很是充分的了。如把她描写成春天的松树、秋天的菊花、绿波里的荷花（古称芙蓉）、彩云遮蔽的月亮、朝霞映照的太阳、受惊翩翩而起飞的大雁、矫健婀娜而多姿的游龙。顾恺之不仅忠实于原作，画出了这些，并以他简洁的画面，流畅的线条，娇美的动作，飘逸的衣裙等，以更加直观的可视形象刻画了这个旷世美貌、贤淑聪慧的女神。而且在篇幅上占着绝对优势。

我们再来看一下《洛神赋图卷》中的曹植的形象。曹植在赋中是以第一人称出现的，因此除了他的内心活动外，在外在形象上就刻画得很少。但是这却给了顾恺之以更大自由来处理这个形象。第一，顾恺之把曹植画得稍大于他人，这是中国古代人物画的主要传统之一；第二，把曹植总是画在主要位置，以期比较突出这个人物的形象，第三，曹植目光炯炯，形体多姿，体态和人物的表情都很生动。不论在他和洛神的三次正面交接中，还是其他时候，各个时段的形体和表情都不尽相同。这也可以看出顾恺之在驾驭创造人物形象方面的能力。

顾恺之历来画画，总是"有感而发"，如《列女仁智图卷》和《女史箴图卷》，都是因感触当时宫廷妇女的缺少封建妇德，与前朝的刘向、张华一样，作为劝诫的箴言而创作的。顾恺之深知图

画有"成教化、助人伦"的作用，因此他创作了大量的古代英雄、名臣和贤人，以供后世做榜样。严格说起来，他是为维护封建道德和封建秩序服务的。顾恺之处于那个时代，他的思想观念必然带有当时的特征，任何人概莫能外。因此，当然就更没有苛求他的必要。而且社会也是个复杂体，顾恺之又是一个血肉之躯，性情中人，他必然在碰到某些特殊事情时，他的取舍标准就有使现代人不易理解的地方。就像历代文人对曹植和甄氏"爱情"的宽容一样。虽说魏晋时期对男女关系的认识和处理，相对来说比较宽松，如男女都可提出离婚（当然最多的受害者还是妇女，如《孔雀东南飞》），再婚也不禁止等等。但像曹植在代父留守邺城时，甄氏毕竟已经是他的嫂子了。二人居然大胆放肆地重温旧梦，谈情说爱，甚至同床共枕。这事别说在当时，就是现在开放到如此程度，我想此种绯闻传出，也会成"众矢之的"。当然《洛神赋》本身它已经是作为一种艺术形态而存在，成为一种美丽而又坚贞爱情的颂歌而存在。封建社会的卫道士们都未曾苛责，我们当然更不必去深究。艺术就是艺术。

问题是：顾恺之如此醉心于画《洛神赋图卷》，是否自己也曾有过这样的类似经历，或者说个人感情上的某些曲折或波折？构成了一个难解的情结。因此也就会与曹植产生共鸣，刻骨铭心，创造出了如此的辉煌力作！

如他曾有一段"悦一邻女"的传说，是无锡姑娘，还是江陵美女？这些都不必深究。但这在青年顾恺之的内心深处，肯定掀起过波澜，留下过遗憾，甚至是刻骨铭心的创伤！这可能是促使、或者激发他画《洛神赋图卷》的动力与设想。当然这些也仅是我们的一些猜想而已，不作为准！

3. 《洛神赋图卷》几种版本

《洛神赋图卷》是顾恺之根据曹植《洛神赋》所画的一个绢本长篇卷轴画。也可说是《洛神赋》的图解本。这是顾恺之根据《洛神赋》的原作经过自己的再创作的连续故事画。但同样是由别人提供"脚本",或同样是图解,大家与小家就会显示出完全不同的水平。以顾恺之的学养、知识和水平,他肯定就会创作出惊世骇俗的作品来,《洛神赋图卷》就是一例。

当然,现在我们所看到的《洛神赋图卷》,都是唐朝以后的临摹本,是否是顾恺之原作?或者是根据顾恺之原作临摹的作品,尚还存在着很多疑问。由于临摹的年代有先有后,临摹的水平有高有低,尤其是宋朝后期的一些摹本,都带有当时绘画的一些痕迹,但这也并不奇怪。根据现有资料来看,临摹这些本子的母本,至少在东晋晚期到南北朝时就已经存在了。因此不管后来的临摹者,根据自己的理解和水平改动了多少,但它仍然保存着较多的顾恺之当时的画风和技巧的特点。因此虽然临摹本的母本是否是顾恺之原作,在目前尚还无法断定,既然历史上流传下来说是顾恺之的作品,那么,我们暂时也还是把它作为顾恺之的传世作品看待吧。

《洛神赋图卷》现在最常见的有两个摹本:一是北京故宫博物院本,清朝乾隆定为"洛神赋第一卷";二是辽宁省博物馆本,乾隆定为"洛神赋第二卷";除此以外尚有:台湾故宫博物院有一本《洛神赋图》册页;美国弗利尔美术馆有一本,不全,在篇幅上少了两米多;美国弗利尔美术馆尚有一卷白描本,此本内容一是比较全,二是前面部分较之故宫本还多出了一车一马和两个人;但

此本据传为南朝宋时的陆探微（？—约485）所作。是顾恺之的草图本，还是陆探微的草图本或是陆探微的临摹本？都很难说。

除上述五本外，有资料说：故宫还有二卷《洛神赋图卷》，英国伦敦大英博物馆也有一卷《洛神赋图卷》。这几本未见样本资料，因此我们也就不去议论了。

这样一算，目前存世的传为顾恺之的《洛神赋图卷》尚有八本之多。

就现在能见的几个本子，虽然优劣互见，但总起来说，我认为故宫本还是优于辽博本。理由之一，辽博本的线条，虽较流利自然，但却没有故宫本的古朴刚劲，比较接近顾恺之的画风。而且因为辽博本的线条粗放，整个图卷看起来也不如故宫本精致。其二，辽博本的赋文是后加的不说，而且错漏之处甚多；高低错落，排得也不美观，直有画蛇添足之感。其三，辽博本绢丝破裂剥落严重，有几处人物形象都几乎看不清了。

九、精描《列女传》

1. 《列女传》和《列女颂图》

汉成帝时（公元前 31 年—前 7 年），皇帝刘骜沉湎于酒色，宠信赵飞燕姐妹俩，朝政大权落入外戚手中，而且已危及到刘王朝的政权。光禄大夫刘向针对宫廷妇女的德行情况，采摘了古时史书上所记载的贤妃、贞妇、宠姬等资料，编辑成《列女传》一书，呈送给了汉成帝刘骜，希望他从中吸取教训，以维护刘王朝政权的稳定。全书共分母仪、贤明、仁智、贞顺、节义、辩通、孽嬖七卷。

据《汉书》记载，刘向在向汉成帝呈送《列女传》的同时，还呈送了《列女颂图》屏风。汉成帝时的宫廷女史班婕妤在她诗中也说到看过《列女颂图》。有关此一题材，在东汉的画像石、画像砖中，反映较多。为什么这一时期会有那么多的这类题材出现呢？主要是出于宫廷政治斗争的需要，也是为了在社会上广泛推行妇女的道德教育，借以维护封建秩序。

2. 《列女仁智传》的文与图

下面我们将《列女传》卷三《仁智》的内容先作一介绍，并对照《列女仁智图卷》的现状加以简单叙述。

（1）**密康公母**　密国的康公，他的母亲姓隗氏。周（恭）王翳（伊）扈游猎于泾水上游。康公跟随陪同，有三个女子投奔而来。康公就把他们收留了下来。他母亲隗氏知道后，对他说："不能留下，一定要送去给共王。兽三为群，人三为众，女三为粲，国王打猎都不打一群的，你有什么德行，竟把三个粲美的女子都收归留下给自己了呢？"康公不听，结果，后来就被周共王给杀掉了。

此段在《列女仁智图卷》中的画面已不存。

（2）**楚武邓曼**　楚武即是楚武王，邓曼是其夫人。这个故事写的是：楚武王让屈瑕为将去攻打罗国（今湖北宜城县西）。屈瑕号莫敖，他接到命令后就率领楚国的军队出发。有个大夫叫斗伯比的去送他。回来就对楚武王说："莫敖必败，因为我看他趾高气扬，心不在焉的样子。赶快要增加兵力去救援。"楚武王听后告诉了夫人邓曼。邓曼说："莫敖这个人居功骄傲，如果不给他点教训是不行的，现在要赶快把他先叫回来。"于是楚武王叫人去追，结果未追上。莫敖还在军营中宣布说："一切都要听我的，有不同我意见的要惩办。"结果军队到了鄢水边就乱了。罗国又联合卢戎（今湖北漳县东北）一起反击莫敖，莫敖大败，退到荒谷那个地方自杀了。其他将士也被囚禁于冶父（今江陵县东南），等待发落。楚武王说："这是我没有知人之明，有罪的是我，其他人都免罪。"

又有一次，楚武王要伐随国，临走前，他对邓曼说："我心神不定，这是为什么？"邓曼说："国王德行太薄，而得到的荣禄太厚，给予人的少，而取得的却多。事物太盛一定就要衰弱了，太阳一到当顶，就会开始向西倾斜，先王们都懂这个道理，这就是天道。现在大王临出兵时，心神不定；若是这样，就是出师也是徒然吃亏。"但后来楚武王还是出了兵，结果，半路死在满木（未知什么树）之下。

现在的《列女仁智图卷》就是从此开始的。并在人物旁边书写了颂辞和名字。

（3）**许穆夫人** 卫懿公有个女儿，嫁给了许穆公为夫人，她就成了许穆夫人。当初齐国和许国都来求婚，卫懿公想把女儿嫁给许国。女儿知道了，就对她保姆说："以前诸侯们有女儿的，都想嫁给大国，有事可以得到支援。现在齐国强大而且就近，许国又小又远，如果我嫁到许国，就得罪了齐国，一旦边境有事怎么办？"保姆转告与卫懿公，但卫懿公不听，还是把女儿远嫁了许国，成了许穆夫人。后来瞿国（即狄国）攻打卫国，许国鞭长莫及，没法及时支援，结果卫国大败，卫懿公只能跑到楚丘避难。可这里却是齐桓公的领地。还算好，齐桓公还让他住了下来。卫懿公懊悔当初没有听他女儿的一句话。

现存图卷此一段描写了五人，齐国和许国的使者，卫懿公，保姆和许穆夫人。

（4）**曹僖氏妻**。晋国的公子重耳，因晋国国内政局混乱，避难经过曹国。曹国的恭王听说其貌不扬，且有骨骼畸形的毛病，就不太理睬他。大夫曹僖，又名负羁，他的夫人见了就对负羁说："不要小看晋公子，我看他身边三个随从都是将相之才，今后他们

回去了，必定会打败政敌，稳定政权而称霸诸侯的。若是将来曹国有难，必然也会连累及你，还不如现在和他们交好，好好招待他们，将来也好求救于他们啊。"负羁听了，觉得很有道理，就照他夫人的话办了。后来晋公子回国稳定了政权，因曹国对他态度不好，就举兵来打曹国。但他下了一条命令："破城之日，惟曹大夫负羁的住宅不准进去。"后来老百姓一看到负羁那里最安全，就都来投奔他，结果门外就成了一片集市一样。

现在图卷上尚存在曹僖和他妻子二人，未知可全？

(5) **孙叔敖母** 孙叔敖小时候，出门见了一条两头蛇，就把它杀死后埋掉了。回去见了他母亲，大哭不止，说："我今天见了两头蛇。传说人只要见到两头蛇，就会马上死去。"他母亲问："现在蛇在什么地方？"叔敖说："我怕再让别人看见了，也会死去，所以就把它打死埋了。"他母亲说："你不会死，因为你积了阴德，上天就会给你报答的。不仅不会死，还一定会长寿。"及至叔敖长大，他当到了令尹。

现在图卷上叔敖及母亲二人均在。

(6) **晋伯宗妻** 晋国有个大臣伯宗，很贤明。但他好与人辩论问题，且有点盛气凌人。他的夫人常常告诫他："你喜欢直言是好的，但得罪的人多了，就会惹祸的。"伯宗不听。有次早朝回家，面有喜色，他夫人问："今天怎么这么开心？"伯宗说："今天朝廷上都说我敢直言，象贤人阳处的父亲阳子。"他夫人说："阳子华而不实，言而无谋，所以才会祸及自身，你有什么好高兴的？你现在得罪的人太多，恐怕大难及身，你还不知道！赶快结交几个贤大夫。把儿子州犁交给他们教导。"伯宗想想也对，他结交了毕羊。后来晋大夫栾不忌遭陷害，伯宗也遭连累被杀，毕羊

就把州犁送到了楚国，避免了杀身之祸。都说伯宗妻子有远见卓识。

图卷现存四人，晋伯宗妻抱着伯州犁，另有晋伯宗和毕羊共四人，大概已是全的了。

(7) 卫灵夫人 卫灵公与夫人晚上坐在自己的家里，听见外面有车子过来的声音，但快到门口时却不响了。但一过了门口又响起了吱吱嘎嘎的车轮声。卫灵公问夫人："这是谁啊？"夫人说："这一定是蘧伯玉。"卫灵公问："你怎么知道是他？"夫人说："礼，不是人家看到了才做做样子，人家看不到就马马虎虎。只有蘧伯玉这个人，仁爱而有智慧，对于任何事情都很执著。他从不因为人家看不到，就废去应有的礼节。所以我可以肯定是他。"卫灵公叫随从去看了一下，果然是蘧伯玉。但他对夫人却又戏弄地说："不是蘧伯玉。"夫人倒了一杯酒来贺卫灵公。卫灵公问：为什么要祝贺我？夫人说："原来我只以为卫国只有蘧伯玉一个人会这样做，现在看来还有一个与蘧伯玉一样的贤人，怎么不贺？国多贤人那是国家的福啊！"卫灵公只得以实话告诉她，刚才过去的确是蘧伯玉。

现在图卷上画有四人：卫灵公和夫人对坐在席榻上，蘧伯玉的车子空车而过，他却跟着车步行。这一段画也是保存得比较全的，人物全，马和车子都很完整。

(8) 齐灵仲子 齐国的灵公原来娶了鲁国的声姬，生了儿子光，被立为太子。后来声姬死掉了，就又娶了仲子和戎子姐妹俩。仲子生下儿子牙。戎子就提出应该让牙代光为太子，齐灵公也答应了。但仲子说："不可以，随便废去纲常是不祥的。而且把光立为太子，那光就是位列诸侯的人了。现在无故废去一个诸侯，

这事很不好，你会后悔的。"齐灵公说："这是我的决定！"仲子说："这不是我非固让不可，实在是祸到临头了。"但齐灵公就是不听，因此就废了太子光而另立了牙为太子。并让一个叫高厚的大臣做他的师傅。后来齐灵公一死，另一位大臣崔杼，就立即把高厚杀了，迎光来接了班。只有仲子安然无恙。

现在图卷此处似较紊乱。画面上的"太子光"实为"公子牙"，而另一无名之人却应是"太子光"。而下一个人物鲁漆室女，也不在这个位置，应移至现存图卷的最后。

(9) **鲁臧孙母** 鲁臧孙母就是鲁国大夫臧文仲的母亲。文仲将要作为鲁国的使节到齐国去出差，他母亲送他时对他说："你做人太刻板，而且过于威严，又无恩惠给人家。因此鲁国不能容纳你，鲁国的很多大臣都恨你。他们私通齐国，让你出使到齐国去，是想把你在那里害死，让齐国可以放心打鲁国。你现在必须施恩布惠，然后再出去，可能还有点帮助。"于是文仲就托了三个可靠的大夫，安排了善后，再出使到了齐国。文仲一到齐国，就被齐国扣留了起来，并欲兴兵伐鲁。文仲暗地差人送回了一封信给鲁国王。为了怕在齐国被人发现而泄露秘密，就写了一封外人看来莫名其妙的信："敛小器投诸台，食猎犬组羊裘，琴之合甚思之，臧我羊羊有母。食我以同鱼，冠缨不足带有余。"鲁国君臣谁也看不懂。有人提议把他母亲叫来，看能不能破解其中的秘密？臧孙母一看就流下泪来，原来信的内容是说她儿子文仲已被关了起来，齐国准备进攻鲁国，很想念妻子，劝妻子好好赡养母亲。于是鲁国就把这些话传到边境上，并在齐鲁边境上加强了战备。齐国看到鲁国已经有了准备，就送还文仲而不再去攻打鲁国。

这段内容，图卷内已全缺。

（10）**晋羊叔姬**　叔姬是晋国羊舌子的妻子，她生了两个儿子，大的叫叔向，小的叫叔鱼。羊舌子是个正派人，但晋国的人排挤他，他就去了三室那个地方。有个当地人偷了一只羊来送给羊舌子，羊舌子不收。叔姬说："你先是在晋国时，就是太古板执著，所以晋国人不喜欢您；现在您在三室，又这样把人拒之门外，实际上是您把自己排挤在外了，不如收下再说。"羊舌子听自己妻子说得对，就接受了下来。羊舌子说："给叔向和叔鱼俩煮了改善一下生活吧！"叔姬说："不可让两个孩子吃这不义之羊肉，还是把它埋了吧。"于是就放在瓮里埋在了树下面。二年后偷盗羊只的事被揭发出来，地方上的官吏就来调查。羊舌子说："有这个事，我都不敢吃，埋在地下呢！"官吏直称赞羊舌子真是君子，不参与偷盗的事。实际上是羊叔姬能"防害远疑"。

关于羊叔姬，还有个故事：叔向长大后想娶夏姬之女为妻，因为这个小姑娘长得太漂亮了。而叔姬则想娶她族里的人做儿媳妇，原因是夏姬的德行很不好，她同时与陈灵公、孔宁、仪行父私通，生了夏征舒。夏征舒稍大，知道此事后就射杀了陈灵公，孔宁和仪行父逃到楚国，挑动楚国国君以夏征舒弑杀陈灵公为名，出兵把陈国灭了，把夏征舒也车裂（即五马分尸）了。夏姬就改嫁了连尹襄老，不久襄也死了。夏姬又嫁给了申公巫臣，两人逃到了晋国。叔姬说夏姬杀三夫一君一子、而亡一国两卿。叔向听后不敢娶，但晋平公却又强行让他娶了夏姬之女。不久生了个儿子——羊食我。叔姬去看望，走到堂上，就听到里面小孩哭声。叔姬说："豺狼之声、狼子野心，将来灭我羊舌氏的，必定是这个孩子。"于是没有看看孙子就返身走了。后来羊食我长大后与祁胜一起作乱被杀了。

这里还有叔鱼的一个故事：叔鱼出生时，叔姬看了说："这小子虎的眼睛，猪的嘴，鹰的肩膀，牛的肚子，将来一定贪得无厌。"叔鱼长大后做了官。一次邢侯与雍子因争田而打起了官司，此案交由叔鱼审判。雍子就偷偷把女儿送给了叔鱼，叔鱼也接受了。邢侯知道后，就在朝廷上把雍子和叔鱼都杀了。

图卷现有四人，羊叔姬，叔向，叔鱼和羊舌子，大概此图尚全。

（11）**晋范氏母** 晋国范献子的妻子。她的三个儿子游学于赵国，正好赵简子也骑马在园中游玩，因为园中多树，马走不过去，赵简子就问他们三个人，"怎么办？"长子回答："贤明的君主不问清楚的事就不去做，而乱世的君主不问明白的事也去做。"老二中子说："爱马足就不要爱民力，爱民力就不要爱马足。"老三少子说："可以用'三德'来驱使百姓，命令他们把山上的树砍去，您的马就可以有跑的地方了。这样，因山远而园子近，这是百姓第一高兴的事。然后再开园种树，这是百姓第二高兴的事。最后，把砍下来的树，再贱卖给他们，这是百姓第三高兴的事。"简子照他说的去做了，百姓果然高兴了三次。少子回去把这个计谋告诉了他妈，他妈喟然长叹道："但凡靠征伐和劳役作为统治手段，那是不能布施仁义的；搞作伪，行诈骗，也都不会长久。最终灭我范氏的，一定是自己这个儿子了！"后来范氏果然被智伯所灭。

此段图卷上只剩二人，长子和中子，至少还少一人，甚至可能还少三人：少子、范氏母和赵简子。

（12）**鲁公乘姒** 鲁国有个大臣叫公乘子皮，他有个兄长死了，他的嫂子哭泣得很悲伤。子皮对她说："别哭了，我将把你嫁出去。"嫂子不置可否。但后来子皮一直没有提起这个事。鲁国

的君王想让子皮做他的宰相。子皮去问他的嫂子："干还是不干？"嫂子回答说："不能干。"子皮问："为什么？"嫂子说："我丈夫一死就说让我嫁人，这是不明道理；过后却又问都不问，这是不通人情。你内不懂道理，外不通人情，因此不可以为相。"子皮说"你想嫁人，何不早说。"嫂子说："我不是想嫁人而数落你的缺点，实在是你一不好好学道理，二又不通人情，怎么能治理好国家呢！遮了眼睛辨别得了黑白？不通人情而做宰相，天不责备你，人祸是一定会有的。所以你不要去做宰相。"子皮不听，后来真的做了宰相，但不到一年就被杀掉了。

此图全缺。

（13）**鲁漆室女** 鲁国漆室地方有个姑娘，称之谓鲁漆室女。过了婚配年龄还没有嫁人。当时鲁穆公，年龄很老了，但太子年尚幼。漆室女靠着柱子而"啸"（"啸"，不知是一种口技，还是吹口哨？不清楚），听她的声音非常悲伤。邻人见了就问她："你'啸'得如此悲伤，是不是想嫁人？我来为你做媒人吧！"漆室女说："你完全错了。我是为鲁国的君王太老，太子太幼而忧愁啊！"邻妇笑道："那是鲁国大夫们的忧愁，跟我们有什么关系？"漆室女说："你不懂。以前有个晋国的客人，借住在我家，他的马把我家园中的葵给踩了，使我一年没有葵吃。有个邻女随人私奔，邻人叫我哥哥一起去追，结果前面正发大水，把我哥给淹死了，让我这一辈子没有了兄长。现在鲁君老迈，太子年幼，一旦出了事情，君臣父子都受污辱，老百姓也跟着受难，我们妇女岂能独处安全？"三年后，鲁国果然被齐国和楚国攻击，男子去战斗，妇女去运输，终日不得休息。

鲁漆室女真有远见，但往往被人误解。"知道的人说是我心

忧，不知道的人还以为我有别的想法和要求呢！"

现此图只剩一个人——漆室女，而且在重新揭裱时还错排到前边了。

（14）**魏曲沃负** 魏国有个大夫叫如耳，他的母亲叫曲沃负。秦国立了魏国公子政为太子，魏哀王派一个使者为太子纳一个妃子。妃子是找回来了，但魏哀王一看这个姑娘是个美人胚子，就自己留着享用。曲沃负知道后就对其儿子如耳说："现今天下，强大者就是英雄，有义者就能显赫。现在魏国既不强大，当国王的又如此无义，怎么能治理好这个国家呢？你不去说说这个君王？你不说，魏国就必然有祸，有祸也就必然影响到我们家。你赶快去尽忠言，忠以除祸，也许还可挽回。"如耳答应着，但他还未曾去向魏哀王说这个事，哀王就让他出使到齐国去了。于是，曲沃负就自己亲自上书给魏哀王，要求接见。哀王接见了她，曲沃负讲出了一篇君臣、父子、夫妻纲常的大道理，并说："现在你国王不考虑四面敌国，虎视眈眈，而还要父子同女，大王的国政危险了！"说得哀王满面流汗，马上把这个妃子退给了太子。赐给曲沃负高粱三十锺（一锺为六石）。如耳回来也即升了官。

此图也已尽失。

（15）**赵将括母** 秦国攻打赵国，赵孝成王使赵括代廉颇为将。将要出发时，赵括的母亲上书对赵王说："括不可以当将军。"王说："为什么？"括母说："当初我嫁给他父亲赵奢时，他父亲为将，在他那里吃饭的人数以十计，要好的朋友有上百，大王您赐给他的金钱布匹，都给了他的部下，因此当时士大夫接到命令就不问家事，勇往直前。今天我儿子赵括，平时军吏们都不敢抬起头来看他，大王所赐金钱布帛他都藏了起来，整天买田

置屋。大王你还认为他像他爸爸吗？父子不同，心志也不一样，所以大王不要派他去。"赵王说："我计已决，你别再说了。"括母说："您既然一定要派他去，若有不称职，我是不能跟他一样受刑罚的。"赵括当了将军，到前线才三十多天，就全军覆没，赵括也死了。赵王以括母有言在先，因此也就没有加罪于她。

此图也已尽失。因此现在的《列女仁智图卷》只是个残卷。

3. 《列女仁智图卷》临摹本

《列女仁智图卷》这是传为顾恺之所作的又一重要画卷。但是，现在故宫所传下的，为南宋时期的一个临摹本。其母本是否为顾恺之所作，众说纷纭，莫衷一是，很难定论。但此画卷人物造型和线条极为古朴，其衣折虽已用淡墨渲染，却有汉魏风貌。因此其历史价值和艺术价值，仍不能小看。

《列女仁智图卷》即是根据《列女传》第三卷的"仁智"卷内容画成。全卷收有有关故事 15 个。现在我们看到的传为顾恺之所作的《列女仁智图卷》已是一个残本。"楚武邓曼"、"许穆夫人"、"曹僖氏妻，"孙叔敖母"、晋伯宗妻"、"灵公夫人"、"晋羊叔姬"等七个故事的图画，基本保存完整。"齐灵仲子"、"晋范氏母"、"鲁漆室女"三个故事仅保存了部分。其他五个故事则已完全丢失。其中"齐仲灵子"图的所写名字与实际不符。写有"太子光"的那一人应是"公子牙"，而后面那个"无名氏"，实为"太子光"。且"鲁漆室女"还应该放至第 13 段的故事中，也就是现有图卷的最后一个。

《列女仁智图卷》中保存有较多的汉代风俗和衣饰。如男子戴进贤冠，着大袖袍，腰结绶带，挂长剑；女子梳垂髻，身着深衣，

眉毛涂有朱色，这是模仿赵昭仪（飞燕）的装饰。表现了当时的特定风俗和时尚。又蘧伯玉所乘马车，名为"昭车"，也是汉代的形制。且描绘得十分正确细致。因此有人认为他的原本可能在顾恺之前已经形成，甚至他的祖本就是刘向所创的屏风《列女颂图》，也未可知。

现存本的人物造型正确，线条粗犷流利，妇女姿态轻盈婀娜，尤其是线条的晕染，确是当时的最新创造。更有研究者认为人物衣着在肩头或袖底处增加了的辅助线（有几处存在的一些多余的线条，我称它是"赘线"），据说是顾恺之为了表现衣服受肢体运动或空气鼓动所企图表现的"四维空间"，近似于现代某些立体画派的画法。未知对或不对，提供大家研究参考。如果真是这样，那顾恺之又是现代立体派的祖师爷了。

《列女传·仁智》里描写的妇女，都是睿智聪慧，目光远大，看事深透，几乎料事如神。不仅为妇女们的榜样，男子汉也确有必要向她们学学。当然，这些都毕竟只是为维护封建制度道德说教的需要而创作的。我们则必须详加分析，并以历史唯物主义的观点来探讨研究。

十、顾恺之作品的相关著述

1. 《世说新语》

最早收录有关顾恺之绘画活动和作品的，大概要算南朝宋时的临川王刘义庆编撰的《世说新语》了。他离顾恺之生活的年代最近，他出生时，顾恺之还在世，他死时才四十出头，因此他的资料也最可信。

刘义庆（403—444），彭城（今江苏徐州市）人。宋武帝刘裕的侄子，长沙景王刘道怜之子，出嗣给叔父临川（今江西南城）烈武王刘道规为子，年十三岁袭封南郡公，为豫州刺史。十九岁，袭封为临川王，征为侍中（十九岁就是副总理级以上干部了）。三十一岁，出任荆州刺史，得官至南兖州（今江苏扬州市）刺史，加开府仪同三司。死时年仅四十二虚岁。他在《世说新语》中提到有关顾恺之画的条目有：

谢太傅（即谢安）云：“顾长康画，有苍生以来所无。”（《巧艺》）

顾长康画裴叔则（即裴楷），脸颊上加了三根毫毛。别人问其缘故，顾说：“裴楷俊朗且知识渊博，这正好表现他的知识渊博。

看画的人见了，一定觉得加了三根毫毛就像有了神明，比没有安上'三毫'时强多了"。（《巧艺》）

顾长康好画肖像画。他想画他的上司，荆州刺史殷仲堪。殷说："我的形象不好看，不烦你了。"顾说："明府（对上司的尊称）大概正是为了您的那只有毛病的眼睛吧。如果我把眼睛先画好，然后用白颜料飞拂在上面，那不就象'轻云蔽日'一样了。"（《巧艺》）

加上后来梁时人刘孝标（462—521）作的注中，提及顾恺之画的情况，还有多处：

《续晋阳秋》：恺之喜好画画，妙绝于当时。曾经以一橱画暂寄在桓玄处，都是佳绝者，自己非常珍惜，又在前面糊贴上封条。桓玄撬开橱后就把画偷拿走，又重新把他整理好。恺之去拿时，见封条像原来一样，而画一张都没有了。直喊："妙画通灵，变化而去，如人之登仙矣。"

《世说新语》中还记载有顾恺之的六幅画：《裴楷像》《谢鲲像》《殷仲堪像》《邻女像》，和刘孝标注中的《山涛像》《王衍像》。

2. 《贞观公私画史》

唐初裴孝源所撰《贞观公私画史》（成书于公元 639 年前后），其中记录顾恺之画作共计十七幅：《司马宣王像》（白麻纸）、《谢安像》（白麻纸）、《刘牢之像》《桓玄像》《列仙图》（上五卷《梁·太清目》所有）、《康僧会图》《沅湘像》《三天女像》《八国分舍利图》《木雁图》《水府图》《庐山图》《樗蒲会图》《行龙图》《虎啸图》《虎豹杂鸷图》《凫雁水洋图》。

《贞观公私画史》中载有《列仙图》；《历代名画记》中载有《列仙画》，可能是同图而异名，实际是一幅画。内容是画的哪些仙人，不得而知。反正当时还没有"八仙"呢！此画南朝梁武帝萧衍在编《梁·太清目》时（547—549），已经被搜罗入内府。

3. 《晋书》

《晋书》是一部封建社会的正史，由唐太宗李世民亲自支持撰写。《晋书》第九十二文苑传、列传六十二，就收有《顾恺之传》。书中述及顾恺之作品约有这么几处：《邻女像》、嵇康《四言诗图》《裴楷像》《谢鲲像》《殷仲堪像》等五幅。

说明除了画过裴楷、谢鲲、殷仲堪像外，还曾画过一幅《邻女像》。即是顾恺之年轻时因喜欢一个邻家少女，就把她画成了一幅像钉在墙上，有一枚棘针正好钉在了少女的心口上，结果少女就患了心疼病的故事。

4. 《历代名画记》

唐朝中晚期，张彦远写了本《历代名画记》（成书于公元847年），里面收录顾恺之画作计有：建康瓦官寺壁画——《维摩诘像》《邻女像》、《殷仲堪像》《裴楷像》、嵇康《四言诗图》（手挥五弦易，目送归鸿难）、《谢鲲像》《中兴帝相列像》《魏晋名臣画赞》《异兽古人图》《桓温像》《桓玄像》《苏门先生像》《中朝名士图》《谢安像》《阿谷处女》《扇画》《招隐》《鹅鹄图》《笋图》《王安期像》《列女仙》、（白麻纸）《三狮子》《晋帝相列像》《阮修像》《阮咸像》《十一头狮子》、（白麻纸）《司马宣王像》、（一素，一纸）、《刘牢之像》《虎射杂鹜鸟图》

（'射'可能是'豹'之误）、《庐山会图》《水府图》《司马宣王并魏二太子像》《凫雁水鸟图》《列仙画》《木雁图》《三天女图》《行三龙图》、绢六幅图《山水》《古贤》《荣启期夫子》《阮湘》并《水鸟屏风》《桂阳王美人图》《荡舟图》《七贤》《陈思王诗》。共五十幅左右。

历来古籍，就数《历代名画记》收录顾恺之画最多。这些画，多藏在朝廷的图书馆中。世事变迁，朝廷更替，皇家的图书馆也不是保险柜。

且此书保存的顾恺之史料也最多。

5. 《宣和画谱》

宋徽宗赵佶于宣和二年（1121）由他"御序制"编成《宣和画谱》二十卷，书中著录顾恺之的画只剩下《净名居士图》一、《三天女美人图》一、《夏禹治水图》一、《黄初平牧羊图》一、《古贤图》一、《春龙出蛰图》一、《女史箴图》一、《斫琴图》一、《牧羊图》一等九幅了。

现藏故宫博物院，原传为顾恺之画的《斫琴图》，经鉴定是南宋画，并非顾恺之作品。不知与此《斫琴图》是否是一件？

接着就是北宋被金兵所灭，京城开封沦陷，徽、钦二帝做了俘虏。皇家图书馆中的书画还能剩下多少，更不用说顾恺之的画了。

上述诸书，比较集中收录了顾恺之的作品。其他一些书籍如元朝米芾的《画史》和汤垕的《画鉴》——等，都只是零碎地收录了一二幅。

记有明朝贪官严嵩父子被抄家时的详细记载《天水冰山录》，

竟也有两幅顾恺之画：《卫索像》《王羲之家景图》。

有一些书籍推出一些似是而非的并非顾恺之的作品，这就要靠我们的学识和目光去细加审辨了。

6. 造假专家《宝绘录》

明朝有一个曾考中过进士（1619）的张泰阶，字爱平，上海人。出了一部书，叫《宝绘录》，共二十卷，洋洋大观。他专门制造古代大名家作品，如东吴曹不兴、晋代顾恺之、陆探微、隋代展子虔、张僧繇以至宋元明诸大家，如赵松雪、柯丹丘、黄大痴、吴仲圭、王叔明等，一直到文征明，都是顶尖角儿。几乎不收二牌以下画家的作品。画的后面还造出全套假题跋、假题诗、假印章。这部著录所记的所有作品，除了他自己的，其他的可说全系伪作。

书中网罗了魏晋隋唐时几乎所有的名画家作品约二百余幅，其中就有顾恺之的三幅。

（1）《秋江晴嶂图》，并有伪托元朝画家黄公望写的序，还有邓文原、柯九思、吴镇和明朝文征明等名家的题画诗。

（2）《瑶岛仙庐图》，也收有元朝柯九思、邓文元为此画的题诗。

（3）《秋嶂横云图》，则收有元初著名书画家、书画鉴藏家赵孟頫为该画的所谓题诗。

对此，清朝有个叫吴修的人曾说："数十年间，余（我）见数十种（幅），其诗、跋乃一人所为，用松江黄粉笺纸居多。"他并赋诗评论张泰阶："不为传名只爱钱，笑他张姓谎连天，可知'妮古'成何用，已被人欺二百年。""妮古"，这里泛称书画、碑帖、

古玩一类的东西。

因为此书三百多年来在古书画收藏鉴定中，影响甚大。其后很多人不加考证，贸然听信。有些更是以此为据，写文章、出专集，到处引用，流毒甚广。尤其是元、明两代的著名书画家的题画诗和序，很多人都信以为真。至今仍有一些人上了当还不自知。所以，我们在这里加以曝光，以明辨真伪，免得再鱼目混珠，继续贻误后人。

十一、顾恺之作品题材探讨

顾恺之一生画了多少画，现在谁也说不清楚。但从他一生陶醉于画、痴迷于画来看，数字应该是惊人的。自顾恺之逝世至唐朝初年的两百多年，光有记载的顾恺之的画尚有六、七十幅，但相比于他的所有作品，已经是寥若晨星了。当然后来又有一些发现，却是真伪难辨。传至近代，据很多专家考证，顾恺之已无真迹存世，有的仅是唐宋摹本而已。甚至这些摹本的母本是否是顾恺之所作，都成了问题。我们现在只能从历代的有关著录中，去寻找这位绘画巨匠的蛛丝马迹；而且还只能在这些蛛丝马迹的作品题目中，去领略他的点滴风采。

1. 人物肖像画

以成书年代先后为序。

《司马宣王像》：《贞观公私画史》载明是用白麻纸画的，《历代名画记》则称有二幅，一纸一素（绢）。画的是三国时魏的名将司马懿。司马懿（179—251），字仲达。三国河内温县（今河南温县西）人。多韬略，善权谋，官至承相，加九锡。他的孙子司马炎后来代魏称帝，建立了晋朝，追尊司马懿为"宣帝"，史上也称他为"宣王"。

《谢安像》：《贞观公私画史》说是画在白麻纸上的。谢安

（320—385），字安石，陈郡夏阳（今河南太康）人。东晋政治家，四十多岁才出来做官，孝武帝时官至宰相。是军事史上以少胜多，有名的"淝水之战"的主要指挥者。谢安对顾恺之的画是推崇备至，十分欣赏。他说：顾长康的画在人类历史上还没有过。

《刘牢之像》：《贞观公私画史》有载。刘牢之（？—402），字道坚，彭城（今江苏徐州）人。东晋将领。"淝水之战"时他作为先锋，先机破敌，功不可没。但这个人凭着他的小聪明，总想几面讨好，结果适得其反，面面都得罪人。而且还反复无常，结果成为孤家寡人，无人答理。最后给小痞子桓玄勒死，也有人说是自杀。

《桓玄像》：《贞观公私画史》有载。桓玄（369—404），字敬道，小名灵宝。东晋谯国龙亢（今安徽怀远西）人。桓温的小儿子，七岁时袭爵南郡公。此人年纪虽小，野心很大。官小一点他还不干。他原与荆州刺史殷仲堪关系极密切，后却借机击走了殷仲堪，吞并了荆州。元兴元年（402），他又举兵东下，攻入建康，掌握了朝政。次年底又代晋自立为帝，国号楚。后被北府兵刘裕击败，退回江陵被杀。

关于顾恺之与桓玄的关系，这里还要重复两句。顾恺之在桓温处任参军时，桓玄才出生，因此恺之是看着桓玄长大的。史书上说桓玄酷好书画，这与他父亲桓温有同一嗜好。但与恺之常出入其府，耳濡目染也有很大关系。据有些史料上说：桓玄还与恺之一起讨论过书法，说明桓玄对书画还有一定的见解。且桓玄曾著有《桓玄集》二十卷。舍去桓玄在政治、军事上和他为人的不佳做为不说，桓玄与恺之的交往在相当程度上是以书与画为主要纽带的。可悲的是恺之因处世态度和性格上面的原因，处处忍让

着他，以致后来寄存在桓玄处的一橱精品画作全部给桓玄偷盗了去，还不敢声张，只能说"妙画已经通神上了天"了事。又因为桓玄这个人嗜画成癖，访友办事，甚至行军打仗，都要带着心爱的书画一起走。最后败回江陵，不仅丢了一条小性命，连他带着的一船书画，也都翻沉江中，里面肯定有那些偷的顾恺之的一橱画在内。

《康僧会像》：《贞观公私画史》载有此画。康僧会（？—280），三国时高僧。康居（古西域国名，约在今巴尔喀什湖和咸海之间）人，世居天竺（古印度别称），后随父移居交趾（五岭以南的泛称）。十余岁时，父母双亡后出家。他通天文、谶讳之学，尤其娴熟经律。吴赤乌十年（247）到建邺（今南京市），孙权为之建寺，号"建初寺"，让其在寺内译经。江南佛法由此开始兴盛。

《沅湘像》：《贞观公私画史》载《沅湘像》，《历代名画记》记为《阮湘》。沅、湘是湖南省的两条江；而阮湘，明显是人名，但在东晋时的历史上还未找到相应的人名。因此这幅画是人物画还是山水画？都有歧意。

《桓温像》：《历代名画记》有记。桓温是东晋时期一个具有雄才大略的军事家。顾恺之曾在他手下任过参军，关系非常密切。但桓温此人也有张扬太过之处，后人对他多有贬词。据说此画在北宋时还在。

《苏门先生像》：《历代名画记》有载。有人认为"苏门先生"可能画的是晋朝的孙登，他曾隐居在苏门山（河南省辉县西北）。此人好读《易经》，善啸。"竹林七贤"中的阮籍和嵇康都曾向他请教过"道"的义理。后来阮籍还写了篇《大人先生传》记及其事：大人先生，是个老人，也不知道他的姓名。他可以讲天地开

始时候的情况，说神农氏和黄帝后代的事情。但不知道他生在什么时候，多大年纪！嵇康跟着孙登有三年，想请他为自己指点一二。孙登一直没有开口，后来嵇康要走了，孙登才说了几句话：你嵇康很有学问，但仍是知识浅薄，不会自保。后来嵇康因冒犯司马昭而被杀，临死前才大喊"有亏孙登"。现在道教中供奉的"孙真人先师"，就是此公。

《中朝名士图》：《历代名画记》有记。中朝当是指西晋，因当时朝廷尚在中原之故。中朝名士大概画了很多西晋时的知名人物。可以肯定，这是顾恺之画的又一个长卷。从中也可以想见，顾恺之对于振兴东晋，收复中原，寄托了他多大的期望和热情！

《王安期像》：《历代名画记》有记。王安期（生卒年不详）。原名承，安期是他的字。王安期在当东海内史时，当时社会秩序很乱，一到天黑，照例就要戒严。一个晚上，差役抓了一个犯了"夜禁"的人来。对于违禁的人，照例要受鞭子抽打。王安期问他：你从那里来呀？那人回答：我从老师那里听课回来，没有发觉天已经黑了。王安期一听，就说：靠用鞭子镇压这种发奋读书的人，来树立威信，恐怕不是治理好地方秩序的根本办法。于是，他就命令差役把这个人放了，并送他回了家。

《晋帝相列像》：《历代名画记》有记。应该画的是顾恺之前的晋朝的皇帝和宰相。也可能是一个长卷。

《阮修像》：《历代名画记》有记。阮修（270—311），字宣子，陈留尉氏人。好《易经》和《老子》，善清言，性简任，不喜欢见"俗人"。他是个无神论者。有次与人讨论是否有鬼神时，他说那些见过鬼的人，都说鬼穿着生前的衣裳。如若人会变鬼，那么衣裳也会变鬼？说得人家无言以对。

《阮咸像》：《历代名画记》有载。阮咸（生卒年无考）字仲容，阮籍侄子，"竹林七贤"之一。任性放达无拘束，原为散骑常侍，后放任始平太守。此人做官不怎么样，但十分喜欢音乐，曾自己创造一种乐器，取名就叫"阮咸"。这就是现在中国弹拨乐器"阮"的前身。

《司马宣王并魏二太子像》：《历代名画记》有载。画上画的是司马懿和曹丕和曹植。曹操虽未称帝，但被其儿子曹丕追尊为"武帝"，能与司马懿画在一起的"魏二太子"也只有曹丕和曹植有此资格。这幅画的后面记有"一素（绢）一纸"，接着为《刘牢之像》。"一素一纸"是指这幅画呢，还是《刘牢之像》？不甚清楚。

《古贤》：张彦远在《历代名画记》中说道：看了很多人的很多画，只有顾恺之画的《古贤》得到微妙的画理，让人看着，可以终日不倦……宋《宣和画谱》记载，当时御府藏有顾恺之《古贤图》。清朝的卞永誉和李调元也都在他们的著录中提到过这幅画，说明此画在清朝中期还在。但画里画了哪些"古贤"，画了几人？都不清楚。

《荣启期夫子》：《历代名画记》有载。荣启期是春秋时期的人，生于周灵王元年（前571年），卒于周元王二年（前474），活了九十八岁。他博学多才，精通音律。他思想上很有见解，但政治上是很不得志。经常在郊野，披一件鹿皮的衣裳，腰间用条带子一索，一面弹琴，一面唱歌，看他很是开心的样子。孔夫子见了很奇怪，就问他：你穷得那个样子却还那么开心？荣启期告诉孔子：我快乐的事多着呢！天生万物，以人为贵，我作为人，一乐也；男女有别，男尊而女卑，我作为男人，二乐也；有的人在娘肚子里就死了，连个太阳月亮也未见着，而我已经活了九十多

了，三乐也。穷是平常的事，死是早晚的事，我以平常的心等待终老，怎么能不乐啊！

《桂阳王美人图》：《历代名画记》有载。桂阳，今湖南郴州。此画因无实物，可以有多种理解：其一，桂阳王与美人图，但晋朝以前的皇族宗室中没有被封为桂阳王的；其二，单独一人的桂阳王的美人图，否定理由同上；其三，桂阳那个地方有一个姓王的美人图。这最后一条理由恐怕比较符合实际。

《七贤》：《历代名画记》有载。东汉建安（196—220）时，在中国文学史上有一段很辉煌的时期，其中尤以诗歌的成就最为显著。他们的代表人物为曹操、曹丕、曹植和"建安七子"。"建安七子"是孔融、陈琳、王粲、徐幹、阮瑀、应瑒和刘桢。有人称其为"七贤"。另外，魏末晋初，嵇康、阮籍、山涛、向秀、刘伶、王戎和阮咸七人，常聚于山阳（今河南修武）一带竹林之中酣歌纵酒，放荡不羁，发泄对朝政的不满，被称为"竹林七贤"。但此七人除了都嗜酒，有的文学修养也可以，都笃信玄学，崇尚空谈，其实并不都贤，思想倾向也各不相同，可说各怀鬼胎。同时他们的言行也为司马氏朝廷所不容，直至后来，有被收买的、有被杀了头的、也有装疯避世的，最后分崩离析、各散西东。据陈寅恪先生考据：当地也并无竹林，那是伪托天竺"竹林精舍"之名后加上的。所以称其为先有七贤，后有竹林。历史上画"竹林七贤"的画家实在不少，直至现在还有些画家仍乐此不疲，但真正了解"竹林七贤"的人恐怕不多，人云亦云，想当然而已。顾恺之到底是画的那个"七贤"，现在也不得而知。

《嵇阮像》：南朝梁文学家沈约（441—513），曾在他的《俗问》中写道：顾虎头为人画扇，作嵇阮，而都不点眼睛。送还给

主人时，主人问他："为什么不点眼珠子?"恺之回答道："哪可点眼珠子，一点上眼珠子画上的人就会开口说话。"查资料，未见有嵇阮其人，可能画的是嵇康和阮籍两个人。

《卫索像》：此画是明代著名奸相严嵩的被抄家物资之一。卫索未查到此人，有人认为可能是西晋的两个大书法家卫瓘和索靖。

2. 典故史实画

《八国分舍利图》：《贞观公私画史》记载有此图。佛祖"涅槃"（佛教用语，那是人生的最高境界，或称"圆寂"，有人直称为"逝世"）后，因火葬而遗下的一些珍珠状物质，称作"舍利"或"舍利子"。当时的婆罗国认为：佛祖的舍利应该留在佛祖的涅槃地——婆罗国。但遭到波婆国、遮罗颇国、罗摩迦国、毗留提国、迦毗罗国、毗舍离国和摩揭罗国等七国民众的反对。并且都准备出兵，以武力来夺取佛祖的"舍利"。一场战争一触即发。但最终经过谈判，通过协商，用和平的方式解决，把佛祖的"舍利"，平分为八份，各国均得一份。这就是"八国分舍利"的由来。

《木雁图》：《贞观公私画史》《历代名画记》都记有此图。这是《庄子·山木》中的一个故事：庄子走在山中，见一大树，枝繁叶茂。伐木的人，就在他的旁边，但就是不去砍伐它。庄子问：为什么不砍伐它？伐木人答道：这种树的木头是不能用的。庄子听后感叹道：这种树木不是有用之才，所以长了千年。庄子出了山，住在一个老朋友的家里。老朋友很高兴，叫他的儿子杀一只雁款待客人。他儿子问：我们家有两只雁，一只会叫，一只不会叫的，杀哪一只？老朋友回答他儿子：杀那只不会叫的。

第二天，庄子的学生问庄子：昨天山中之木，因为不能用作

材料，所以长了千年；今主人的雁，会叫的雁应算是有用之才，现在却把不用之材杀了。先生您怎么看这件事情？庄子笑了笑，回答道：要周到地保全自己，就在于才与不才之间。

这个故事的哲理性非常强，不知顾恺之是如何处理这类题材的？可惜原画早失，否则真值得我们很好地研究一番。

《阿谷处女》：《历代名画记》载《阿谷处女扇画》，下面则记有另一幅画《招隐》。当时的文章是没有标点的，因此这"扇画"两字到底是指《阿谷处女》呢，还是指的是《招隐》这幅画？实在难以定论。

《阿谷处女》的故事，是西汉刘向写的《列女传·辩通》里的一节，说的是：孔子周游到南方楚的地方去，在阿谷这个地方的路边，碰上一个戴着玉璜在洗衣裳的少女，孔子想了解南方人民对"礼"的认识和水平，就让他的学生子贡去挑逗她、试探她。

他让子贡拿了个杯子，去向少女讨水喝。子贡拿了杯子，对那少女说："我是北边来的人，要到南方的楚国去，碰上这么热的天，想向你讨杯水渴。"少女说："这路旁河里的水，都流到大海里去的，你要喝就喝，何必问我！"但少女还是接过子贡的杯子，并把杯子舀了点水，晃动一下又倒掉，然后又舀了满满一杯子水，放在沙滩上，对子贡说："男女授受不亲，你自己拿去喝吧。"子贡把此情景回去告诉了孔子，孔子说："我知道了。"

孔子又拿过一把琴，他把琴弦都松开了，再让子贡去试探。子贡拿着琴，又去对少女说："刚才我听到你的话，真像清风吹到我心里一样。我的琴弦坏了，想请你给我调一下音。""调琴"实际是"调情"的谐音。少女说："我是一个乡野之人，五音不知，怎么能给你调琴（情）呢！"子贡又回去汇报了孔子，孔子

说："我知道了"。

孔子又抽出身边的两段葛布，让子贡再去试探。子贡又走到少女身旁，对她说："我将去楚国，现有两段葛布，想送给你做件衣裳。"少女回答道："我还很年轻，不能接受你的葛布。"子贡只好又回去告诉孔子。孔子说："我知道了，这个少女不仅通达人情，而且还知道礼仪、礼节。"

顾恺之很喜欢而且也善于处理这种情节性绘画。

嵇康《四言诗图》：《晋书》有载：恺之每重嵇康四言诗，因为之图。还常说"手挥五弦易，目送归鸿难"。这是嵇康赠给他哥哥嵇喜入军诗十八首中的第十四首，全诗主要描写他哥哥的军旅生活的。"目送归鸿，手挥五弦。俯仰自得，游心太玄"。也是全诗的主要之点。有人说此诗表现了嵇康的飘然出世、心游物外的风神，传达出了一种悠然自得、与造化相伴（齐，相等）的哲理境界。实际上是嵇康内心精神世界的自我抒发。他醉心于一面弹着琴，一面注视着向天边飞去的大雁；俯仰自得，心向虚空。

也有人对目送归鸿，手挥五弦解释为手脑并用，得心应手，是否有这个意思？各人的理解吧！

但顾恺之在引用此两句诗，却给它们加上了易、难二字，那就变成了：在处理和构思画面时，"手挥五弦"的动作，比较容易掌握；而"目送归鸿"，那就带有精神层面的东西，"目送"掌握起来就比较困难。这就与嵇康原来的意思完全不同了。

《祖二疏图》：宋郭若虚《图画见闻志》中记载。二疏指汉代的疏广、疏受叔侄二人。疏广，字仲翁，西汉东海兰陵（今山东枣庄东南）人。少年时就爱好学习，一部《春秋》背得烂熟。原在家里开了个私塾，很多很远的人都来学习。汉宣帝时（前73—

前49）被征为博士，那是专门设置掌握古今历史的顾问和朝廷经学书籍的管理的官。后又被任为太子太傅，就是太子的老师。他的侄子疏受也被任命为太子少傅。做了五年官，就借口有病，辞官回了老家。"功遂身退"的出典就在这里。"祖"就是祖师、老师的意思。

《清夜游西园图》：宋郭若虚《图画见闻志》有记。宋董逌在《广川画跋》中说：顾长康以曹子建诗（经）营此图。说的是以曹植的诗《公宴》为题材，画成了《清夜游西园图》。因为这首诗的主题，就是"清夜游西园"，题材和画完全吻合。有人认为此画即是前述的《陈思王诗》图，似不当，《陈思王诗》图，当另有所指。

曹植《公宴》诗，是为唱和曹丕的一首《芙蓉池诗》，而组织的一次文人雅集上写的。当时曹丕还未称帝。诗里说：公子曹丕特别喜欢敬客，夜宴终了还不知疲倦。又邀请大家一起游西园，跟随着他的伞盖浩浩荡荡。明月澄清地映着人影，稀疏的星星挂在天空。秋兰长满了长坡，红色的荷花冒出在绿色的池塘。潜在水底的鱼偶尔跃出清波，美丽的小鸟在高高的树枝上鸣叫。招展的旌旗紧接着红色的车子，轻快的车辇在微风中移动。飘摇的心旌放荡着各自的意念和志趣，但愿今天的这种情景永远能这样。同样是诗，情景和心境与后来的《七步诗》完全是两回事。

以《公宴》一诗为题材，画成的《清夜游西园图》，场面的宏大，人物的众多，色彩的绚丽，我们至今尚能想象得到，因为顾恺之画这种题材可以说是轻车熟路。

这幅画唐朝时为张彦远家祖上所藏，上面有梁时一些王公贵族和唐朝褚遂良的题跋。后来被唐宪宗（806—820）知道了，就不得不"进献"给了宪宗。宪宗死后，被太监崔谭俊盗出，流落

民间，到宣宗（847—859）时，又被收回内府。宋朝郭若虚和董逌都曾见过。明朝时有人传说严嵩家藏有此画，但《天水冰山录》未见有记载。既然有传闻，至少说明此画明朝晚期还在。

《三教图》：宋邓椿《铭心绝品》记有：开封尹（可能是开封府的首长）盛章家中有顾恺之《三教图》。顾名思义，画中大概画了儒释道三教的教主，即孔子、释迦牟尼和老子。

《黄初平牧羊图》：宋《宣和画谱》有载。关于黄初平牧羊的故事，最早见于葛洪的《神仙传·黄初平》一书中：黄初平，浙江金华丹溪（今兰溪）人。因家里穷，没有条件念书，八岁开始就放羊。十五岁那年，他在山上放羊，有一个道士把他带到一个石室中修炼神仙之术。黄初平一待就是四十多年，从未想家。他有个哥哥叫初起，寻了他四十多年。那天初起在集市上碰见一个道士，说是未卜先知。初起就上前打听弟弟的下落。道士说："赤松山中有一个牧羊的孩子，不知是不是你弟弟？"初起一听，十分惊喜，就跟着道士一起到赤松山中来找他弟弟。果然在山中找到了他弟弟，还是与他十五岁丢失时的容貌一样，毫无改变。兄弟俩悲喜交集。初起问初平："那群羊现在哪里？"初平说："都在东山坡上"。于是两人来到东山坡，初起并无见到有羊，只是看到一片白石头，掩映在树丛草堆之间。初起说："这里只见白石并未见羊呀？"初平随手一挥，说声"羊起"。即时只见满坡白石头都在蠕动，初起定睛一看，那里有什么石头，分明是满坡白羊，正在从容吃草，竟有一万多只。这就是黄初平"叱石成羊"的出典。黄初平后改字"赤松子"，逐步又演变为有求必应的"黄大仙"。现在最为著名的大概要算香港的"黄大仙庙"了。

顾恺之画的《黄初平牧羊图》，北宋年间还在。苏东坡见后曾

写有《顾恺之画黄初平牧羊图赞》一诗：先生养生如牧羊，放之无何有之乡。止者自止行者行，先生超然坐其旁。挟策读书羊不亡，化而为石起复僵。流涎磨牙笑虎狼，先生指呼羊服箱。号称雨工存四方，莫随上林芒（羼？）郎，嗅门舔地寻盐汤。

传为明朱存理撰的《铁网珊瑚》中记：明天启谢奕修"浩养斋"藏有《初平叱石起羊图》。是否就是这幅《黄初平牧羊图》？如果是，那么顾恺之的这幅画在明朝天启（1621—1627）年间还在。

《牧羊图》：《宣和画谱》记载御府藏有《黄初平牧羊图》和《牧羊图》。可见这是两幅不同的画。

《夏禹治水图》：《宣和画谱》有记。元朝汤垕在《画鉴》中说：曾见顾恺之的《夏禹治水图》，其笔意像春天浮在空中的云，又像地上流淌着的水，画得非常自然。傅色和渲染人物的容貌，以浓色稍微点缀，不求华丽的雕饰。

《王羲之家景图》：明汪珂玉《珊瑚网》、董其昌《画禅室随笔》等都有记载。《天水冰山录》为贪官严嵩抄家物资的清单里便有《王羲之家景图》和《卫索像》。查无锡地方志，王羲之在无锡曾有家宅和别墅。顾恺之又是无锡人，年代又极相近，未知所画会否就是王羲之在无锡的家宅或别墅？

《水廓围棋图》：宋周密《云烟过眼录》记：尤氏所藏"顾恺之《水阁围棋图》一卷，亦佳。"此卷画的是在临水的楼阁处下棋的内容。

《吴王斫脍图》：北宋董逌《广川画跋》有记。描绘的是术士介象，在殿堂上当众钓出一条鲻鱼（一种在咸淡水中均能生存的鱼类）来，孙权就命令厨师马上给大家表演斫脍。所谓斫脍，就是加工生鱼片，把鱼片切得像知了的翅膀一样薄和透明。孙权并

把已经加工好的生鱼片赐给殿中的大臣们吃。

《兰亭宴集图》：乾隆时编撰之《石渠宝笈》记：宋郭忠恕摹顾恺之《兰亭宴集图》一卷。说明顾恺之曾画有是图。

《洗经图》：南宋周密《齐东野语》记有顾恺之《洗经图》，但说明是唐摹本。

《樗蒲会图》：《贞观公私画史》中有载。樗（音初）蒲，古代的一种博戏，类似于后来的一种赌博游戏。据说这种活动在汉魏时很盛行。

《荡舟图》：《历代名画记》有载。具体内容不详。大概是一幅划船的画。

3. 佛道神仙画

《水府图》：《贞观公私画史》和《历代名画记》都记载有这幅画。大概这幅画是画的龙王水晶宫里的情景。

《列仙图》：《贞观公私画史》中载有《列仙图》；《历代名画记》中载有《列仙画》，可能是同图而异名，实际是一幅画。内容是画的哪些仙人，不得而知。当时"八仙"还没有出现。此画南朝梁武帝萧衍在编《梁·太清目》时（547—549），已经被搜罗入内府。

《三天女像》：《贞观公私画史》载《三天女像》，《历代名画记》记为《三天女图》，而宋《宣和画谱》则又有《三天女美人图》。是不是同一幅画，因转辗传抄而异名？此画大概是画的三个天上的女神。

《列女仙》：《历代名画记》中有记。该画后面是《三狮子》，但中间又记着"白麻纸"三字的，这就与前面已出现过的问题一

样，到底哪一幅是画在白麻纸上的？不清楚。《列女仙》画的具体内容也不详。

《小身天王》，《宣和画谱》有记。这是又一幅汤垕曾经看到过的顾恺之的画，它与前一幅在风格和技法上是类似的。

《净名居士图》：《宣和画谱》有记。"净名"是古印度语"维摩诘"的意译。说明顾恺之除了画有壁画《维摩诘像》外，又在绢或纸上画有《净名居士图》。

《维摩天女》又名《净名天女》：元朝米芾在《画史》中说：顾恺之《维摩天女》《飞仙》在吾家。又说：《维摩天女》长二尺，《名画记》所谓《小身维摩》也。但查《历代名画记》并未载入此画。

《飞仙》：未知是否画的"飞天"一类的题材？

《青牛道士图》：清《四库全书》载，顾恺之画有《青牛道士图》。内容可能是"老子出关"。

4. 山水风景画

《绢六幅图、山水》：《历代名画记》有载。如照现在这样标点，说明顾恺之用绢画了六幅山水画。

《雪霁图》《望五老峰图》：宋郭若虚《图画见闻志》有记。明汪珂玉著《珊瑚网》摘录宋张邦基著《墨庄漫录》：润州（今镇江）苏氏家藏有顾恺之《雪霁图》《望五老峰图》。五老峰在福建厦门海滨，与南普渡寺相邻。五个山头峥嵘凌空，横插天际，气派非凡，犹如五个老人，翘首眺望大海。但国内五老峰共有三处，除厦门外，还有江西庐山五老峰，位于庐山东南部；山西运城永济县东二十公里的五老峰。到底哪处？不得而知。

《庐山图》《贞观公私画史》载有此图。是否就是画的纯山水画？不详。顾恺之好像画了多幅山水画。如有更进一步的史料可资证实，那么中国山水画的历史真得重写。

5. 鸟兽植物画

《行龙图》：《贞观公私画史》中有载。与《历代名画记》中所记之《行三龙图》是否是同一幅画，还是不同的两幅？

《虎啸图》：《贞观公私画史》有载。顾恺之画了相当多的动物画，这是其中之一。

《虎豹杂鸷图》：《贞观公私画史》有载。俞剑华先生所注《历代名画记》中记为《虎射杂鸷图》，"射"与"豹"字形相近，因此"射"可能是"豹"之误。同时"射"在字义上也不通。"鸷"是一种凶猛的鸟类。

《凫雁水泽图》：《贞观公私画史》载《凫雁水洋图》；《历代名画记》载为《凫雁水鸟图》；其他一些著录皆称《凫雁水泽图》。后者题目比较适宜。凫（音扶），野鸭。该画画的是水泽边上的一群野鸭。

《鹅鹄图》：《历代名画记》有记载。鹄（音胡），天鹅。画的是天鹅。

《笋图》：《历代名画记》有记。可以看出顾恺之时已经有花鸟画分科的苗头了。

《三狮子》：《历代名画记》有记。

《行三龙图》：《历代名画记》有载。与《贞观公私画史》所载之《行龙图》是否是同一幅画？

《(并) 水鸟屏风》：《历代名画记》有载。这里又有这样的标

点问题，"并"又是什么意思？但不管怎么说，屏风上画的肯定是水鸟。

《春龙出蛰图》：《宣和画谱》有载。二月二，龙抬头，春雷一声，蛰伏了一个冬天的动物们又开始出来活动了，龙当然也一样。

《十一头狮子》：《历代名画记》有载。此画与后面的《司马宣王并魏二太子像》中间有"白麻纸"三字，这又与前面提到的存在同样的问题。但一幅画画了十一头狮子，肯定场面非常宏伟壮观。

6. 题意待考画

《异兽古人图》：《历代名画记》有记。具体画的什么内容，不详。

《招隐》：《历代名画记》有记载。俞剑华先生在为《历代名画记》作注中说：招隐山在江苏镇江南，上有招隐寺。晋隐士戴颙曾居其地。戴颙为东晋大雕塑家、大画家戴逵（？—396）的次子。也曾为瓦官寺塑一丈六尺的铜佛像，为当时著名雕塑家。但恺之所画，未知是何内容。

《陈思王诗》：《历代名画记》有记此画。陈思王即曹植（192—232），三国魏诗人，曹操第三子，曹丕的同母弟。很被曹操宠爱，曾一度欲立其为太子。后曹丕及其子曹睿相继为帝，他备受猜忌，郁郁而死，年方四十一岁。他能诗善赋，文采非凡。最为出名的诗名为"七步诗"：煮豆燃豆萁，豆在釜中泣，本是同根生，相煎何太急！那是曹丕有意为难他，限他走七步，就得做出一首诗来。曹植才思敏捷，果然在七步之内，做成上面那首诗

来。而且用意明显，奉劝曹丕：嫡亲兄弟，何必如此相逼！曹丕对他也没有办法，只能放他回去。曹植的《洛神赋》也很著名，顾恺之根据此赋，画成了《洛神赋图卷》长卷。

曹植临死前被封为"陈王"，死后又谥曰"思"。未知顾恺之所画《陈思王诗》是否为"七步诗"的故事？

《禹贡图》：《无锡金匮县志》载：顾恺之《禹贡图》一卷，见朱彝尊《经义考》。《禹贡图》应该是一幅古地图，顾恺之是否画过此图，值得商榷。

7. 托伪之作

《斫琴图》 此画原来一直流传认为是顾恺之的作品，其实是南宋人的作品。最近（2009年10月）开放的中国民族音乐博物馆（无锡），复制并展出了此画，仍标明为"顾恺之作"，似觉不甚妥当。

《秋江晴嶂图》，有假托邓文原、吴镇题诗，柯九思、黄公望、王蒙、文征明等题款。

《瑶岛仙庐图》

《秋嶂横云图》

以上三幅画均见明·《宝绘录》。这是一个明朝张泰阶制造出的伪作。现在有些人像发现新大陆一样，贸然听信，并加以义务传播。

十二、顾恺之美学思想的核心

顾恺之在中国绘画的理论园地里，首先明确提出"传神论"的主张，这也是顾恺之美学思想的核心。

顾恺之把人的内部世界的生命感情的表现当做绘画的基本原则，把绘画的触角深入到了人们的内心世界和精神层面中去了。

而且他的这个"传神论"美学思想，在随后的一千六百多年里，不断地被我国历代艺术家所完善、补充、发展，以致成为我国绘画史上创作和评论作品的主流准则和依据，推动了我国绘画事业的健康发展。这是顾恺之在中国美学史上的不朽贡献。

在顾恺之之前，在哲学上，形与神的关系虽早已引起人们的注意，唯心派和唯物派的论争也一直不断。在绘画领域中也曾有人提出了形神问题，但那还只是很模糊的、不自觉的、片段的。只有顾恺之才把这样一个具有美学意义的哲学命题明确地、系统地引入到绘画领域中来，成为他绘画创作和评论作品的精髓和依据。

中国绘画在历史上，除了民间美术外，主要还是统治阶级作

为对官民进行教育的工具。所谓"成教化，助人伦"。把一些忠臣、义士、烈女、节妇等，堪称为人模范者，或画成图画，或刻在石上，作为大家学习的榜样。

如汉代就曾在麒麟阁绘制过功臣像；在云台画二十八将图；又画了孔子及七十二弟子像等。随着佛教的传入，佛经故事画又迅速传播。

但这些以鉴戒为目的的绘画作品，当时还只是画出人物的外部的形象，大都是一些"画工"们遵照统治阶级的意图，和前辈师傅传下的"粉本"，千篇一律地复制作品。

汉朝前后，虽然也有个别士大夫会画画，那大多只是"业余"性质。当时有个画画很出名的毛延寿，也仅是个"宫廷画工"。

只有到了魏晋时期，才有一些士大夫阶层的人，主要从事绘画创作。顾恺之则是一个典型的名门望族出身的士大夫画家。他画了一辈子的画。虽然也做官，但那是一个十分闲散的官。

也只有这些当时的知识分子阶层的人的参加和参与，才有可能把中国绘画推向一个新的高峰。即从只注意"形似"，而进一步强调要"神似"；中国绘画从单纯的鉴戒作用，发展成主要体现为当时的社会风尚、时代精神、名士风度等的作者主观意识的反映。改变了过去那种陈陈相因的格局和画风。彻底把绘画的功能从过去主要是为了诫恶扬善，发展成鉴戒和欣赏并重的作用。

顾恺之画的那些人物画，无一不反映了顾恺之"传神论"的精髓。最为著名的，也是为他日后奠定了在中国美学史上不朽地位的成名作《维摩诘像》，就是最好的例子。

当时的社会风尚正好特别注重"瘦骨清像"和崇尚清谈。顾恺之又正好切中时尚，成功地塑造了一个以当时士大夫阶层

为原型的世俗知识分子的形象，所以才会博得一致的好评和喝彩。

顾恺之提出传神论，他指的神又是什么呢？归纳起来：

一曰"气"，气质、气势、气概等，这些都是"神"的反映和体现。如他评论《小列女》：面貌灰白呆板，刻画得毫无生动气息。

又如他在评论《壮士》这幅画时说：有奔腾向前的大气势，但还缺少那种激奋昂扬的感觉。

又如讲《列士》这幅画，里面描绘了两个故事：一是"蔺相如完璧归赵"；另一为"荆轲刺秦王"。蔺相如画得过分激烈，只如一个匹夫，而缺少那种英雄贤人很有智慧的气度和气概。而画荆轲刺秦王时，秦王在突发事件面前，又表现得太悠闲。这都是"不尽生气"的表现。

二曰"骨"，这里所说的骨，并不是后来意义上的单纯用笔的"骨法"，而是人的内在精神可以在外形、外貌上表现出来的根据和节点。

关于这一问题可能与当时品藻人物，往往从人的"骨相"着眼有关。从骨相中来评判这个人的精神气质、道德风貌、贫富贵贱以及疾病寿限等。其中不乏有很多唯心主义的迷信成分。但是顾恺之所论述的"骨"，在艺术理论领域里，却是有很大的科学性。

如说《周本纪》一画中的人物，虽然画了重重叠叠的衣服，但还是画出了他的内在的骨法。这里所指，不仅是骨骼结构的意思，而还有内在的"神"借以显现的媒介，那就是"骨"、"骨气"和"骨法"。

顾恺之在论述到"骨"时，有骨法、骨趣、骨成、骨俱、奇骨、天骨、隽骨等各种提法，其中有些含意我们虽还不能完全理解，但骨法、奇骨、天骨、隽骨，这些都是很美好的骨相。而骨俱、骨趣、骨成等也毫无贬义的成分。可见顾恺之对在绘画中所说的"神"，必须通过"骨法"，表现和反映在外部的形象上。通过"骨法"，才能表现出精神层面的东西的。

顾恺之在谈论到《醉客》时说：这幅画是先画了人体骨骼，然后再加上衣服的。为什么？因为这样可以帮助把醉汉的神态画得更鲜活，更加生动有趣味。顾恺之在一千六百多年前就发现了人体解剖结构与对人物外形描绘的意义，不能不说是一个创见。

三曰"韵"，韵是和谐统一的意思。晋朝时在文艺创作中特别提倡"韵"字。气韵、神韵、风韵都能很好地"传神"。顾恺之很会运用各种艺术手法，把它作为可以表达各种"神态"的手段，统一而和谐地组织在画面之中。如画裴楷，脸上加了三根毫毛；画谢鲲在山岩之中……。他也不否认"美丽之形，尺寸之制，阴阳之数，纤妙之迹，世所并贵。"但他反对在画中什么东西都想说，都想交代清楚。庞杂而面面俱到的描绘，这恰恰首先就破坏了画面的和谐统一。给人看了一览无余，没有了回味余地，也就没有了韵味。

那怎么样来"传神"呢？

1. 以形写神

顾恺之关于"传神论"最著名、也最通俗的论点，就是："四体妍蚩，本无关乎妙处，传神写照，正在阿堵中。"

用现在的话说：肢体的美好或丑陋，它对绘画中的"妙处

（神）"，关系不是最大，也不是根本性的。这里，顾恺之并没有对形在绘画中的忽视，或者否定。而是强调了画一个人，传达出这个人的神气、神态，则是更重要的，都在这个"传神"里面。"神"在哪里？顾恺之说："传神写照，正在'阿堵'之中。"

"阿堵"，是古汉语"这里"的意思。现在在吴语里还有"嗳笃"、"该答"，无锡话"依答"的口语，实际上都是"阿堵"的衍生。"阿堵"就是指的传神。顾恺之在这里主要指的还是眼睛。

眼睛是人的心灵的窗户，顾恺之又特别重视对人的眼睛的描绘。

顾恺之有时画好一幅画后，"或数年不点目睛"。有人看他画了一把扇面，画的是嵇康和阮籍。但画上人有的只有眼眶而没有眼珠。人们问他为什么不点睛？他说"哪能点睛，一点便语"。也就是说，一点眼睛，人物便活了。

画得像、画得准，这是最起码的要求，而其所要表达出的"神"，恰恰首先是在这个"像"之中。不像，一切免谈。画《维摩诘像》，首先要画得像个"人"样；第二要画出维摩诘"这一个"具体的人的形象；如要画出他瘦骨清像的外形；第三，然后还要画出他"清羸示病之容，隐几忘言之状"的精神状态来。如果顾恺之画得不像，别说"光照一寺，施者填咽，俄而得百万钱"了，可能人家连看一眼都懒得来！

当然，顾恺之讲的"传神"，也不仅指眼睛的深入刻画。他却是可以运用各种手段，调动各种艺术因素来完成的。他的实践远比我们理解的要多得多、深得多。如画裴楷，"颊上益三毛"，把谢鲲画在山岩里，都是很生动的例子。

顾恺之提出"以形写神"的命题。对于形神关系更作了明确

的阐述。

顾恺之说：以形写神，不能'空其实对'，传神首先要做到"手指而目视"。手指此处，却目视在彼处，毫无目的地，凭空对着对表现对象根本不起作用的地方，那就说不上"传神"了。

他更进一步提出"手挥五弦易，目送归鸿难"。老话说：画人难画手。手的动作千变万化，手的语言也是千变万化，画画的人都知道画手的难。但它毕竟还是个可视的形象。而"目送归鸿"的"目送"，恰恰强调了画"目"这个"形"本身就为了"传"送归鸿这个"神"。

我们在这里再讲一个故事：唐朝的两个顶级画家，一个叫韩干，就是为唐太宗画《照夜白》马的那位；一个叫周昉（有些人写成'周肪'，错），他画过《簪花仕女图》《纨扇仕女图》《调琴啜茗图》等。两个人一起为郭子仪的女婿赵纵画像。韩干先画好，大家一看都说好，画得像。叫好的当然还包括郭子仪的女儿、赵纵的夫人。然后周昉也画好后拿了来，大家又说好，像极了，与韩干画的不相上下。赵纵夫人走来一看，同样称赞画得好、画得像。但赵夫人顿了一顿又说："两幅画都画得很像，后画者佳"。"佳"在什么地方？赵夫人继续说："前画者空得赵郎状貌，后画者兼得赵郎情性笑言之姿。"虽则两个人在"形似"方面都是高水平，显然周昉较之韩干在"传神"方面却是更高一筹。

唐代张彦远在阐释顾恺之这一观点时说：画画首先要形似，形似必须全其骨气，形似、骨气都要本于立意，归乎用笔，最终目的是"传神"。

"以形写神"，写形是为写神服务的。当形似不能充分表现"神"时，应该也必须去突破"形似"的束缚来达到传神的目

的。

2. 迁想妙得

顾恺之为达到"传神"的目的，他又提出了"迁想妙得"的学说。他说："凡画，人最难，次山水，次狗马，台榭一定器耳，难成而易好，不待迁想妙得也。"顾恺之说，在绘画门类中，画人是最难的。亭台楼阁，它只有一定的规矩，式样和形状，它本身也无所谓有没有神，因此，不需要去"迁想妙得"。画的时候麻烦一点，但容易画得好。

画人就不一样，他不仅有形状、姿态和表情，而且他还有内在的"神"。因此我们必须要去"迁想妙得"。

那么，什么叫"迁想妙得"？

对此，很多美学理论家作了很多不同的解释，我认为这是一个从生活体验开始，一直到落幅成画的一系列思想和行动过程。

"迁想"是两个方面的：一方面现实生活对你思想产生的观受，也可说是生活对你的"迁入"。你要在深入生活的过程中去进行情感体验，体验各种人在各种不同环境和情况下的各种不同的反映。这一"迁入"，也可以叫认识生活。

另一方面你对从生活中深入观察来的观受，使你对生活增加了新的认识，并因此而激发出你的很多联想和想象，再反"迁入"到实际生活中去，使你的新的认识和感受，能够和你原来的认识和感受合而为一。这样就能渗入表里，把握到本质，通过联想和想象，而形成"妙得"。

"迁"，有往来的意思。"迁想"，这也是客体和主体两者相互影响的过程。它的中心点，则是想象和思索。外来的认识，只有

通过自己头脑的概括、运化、剪裁和加工，才可能有"妙得"，然后也才能进入画幅的创作。

这种想像是否是自由的？是有自由的。但它又不是完全自由的，他仍还受制于每个人的经历、学养、思想水平等的影响，因此它是一种精神性的感悟。

由于每个人的生活经历、知识学养、思想方法等的不一样，因此他们的"迁想（感悟）"就不一样，"迁想"结果的"妙得"当然也就千差万别。画出的画，水平就会有高低。而且这种水平高低的区别和断定，顾恺之说：连最善于计数的人也难以算出它的品第的。

3. 玄赏则不待喻

"玄赏"，可以理解为玄虚深奥的欣赏。"不待喻"，不需要用语言解释得那么清楚。

顾恺之更进一步说：作者要注意和观者的心灵沟通，深刻微妙的欣赏，是不需要画家在画面上什么都交代清楚的，不然真正就堵绝了人们通往广阔想象的空间了。这是顾恺之对艺术创作和艺术欣赏提出的至理名言。

人们对于美的感受、美的理解，千差万别。甚至有的东西、有些时候，还真的只能意会、不能言传。那么，你在画面上交代得清清楚楚、明明白白有此必要吗！结果必然是引不起人们的联想，说是表现得太浅薄，没有看头。一幅画艺术水平的高低，不在于你画得多么具体、多么精细。而是能否引起观者对你这幅画的符合主题思想的种种联想。也就是我们在后面还要提到的"画尽意在"或"意在象外"。

人们对于美的感受，有时确实难以用语言去加以确定和说明的。它应该只是一种心领神会。相信群众，相信观者的水平，他们能够"悟对"、"神悟"和"超悟"。充分发挥他对你作品的主观能动的联想和感受。而不是给他的"联想"安装一个刹车器。

魏晋时期，崇尚谈"玄"，空口白话，天花乱坠，言不及义，信口雌黄。顾恺之在这里谈到的"玄"字，却是实实在在，毫无空话，但又非常精深。顾恺之的"玄赏则不待喻"，明确提出在艺术欣赏上这个精辟论述，可说是史无前例的。

4. 临见妙裁

"临见妙裁"，南齐谢赫，把顾恺之的这一美学论题，归纳为他绘画"六法"论中的"经营位置"。

这是一幅画的创作过程中的重要环节，用现在的话说就是立意构图。

顾恺之说："若以临见妙裁，寻其置陈布势，是达画之要也"。"临见妙裁"，就是面临客观对象，要进行巧妙的剪裁。要像一个军事家那样，"置陈（阵）布势，"寻找到适合其能打胜仗的阵势来。"陈"就是阵，古语通用。"达画之要"，这是绘画须要达到的目的。顾恺之把军事上的道理，运用到绘画创作上，十分贴切，不能不说这也是他的一大创造。

"置阵布势"，这是绘画的构图问题。也是需要解决绘画的形式美问题。顾恺之把这个问题提高到为"传神"的必备要素，或手段。在此之前，似乎还没有哪个理论家和画家明确地提出过这一个问题。因此，我们也把他放到顾恺之的美学思想一节来述说。

顾恺之在美学理论上的创见，还有很多，这里不另一一列举。

十三、顾恺之的绘画理论著作

顾恺之的美学思想和美学理论，除了散见于如《晋书》《世说新语》等一些零星的记载外，主要集中收录在唐代张彦远著的《历代名画记》中的"三篇画论"中。但张彦远当时收录这些文章时，已经"相传脱错，未得妙本勘校"，文中错漏之处甚多；有些字句晦涩难懂。而且张彦远本身在辑录时，还把其中的《论画》和《魏晋胜流画赞》的题目都互相弄颠倒了。

对于这三篇"画论"至今仍有人认为并非为顾恺之所作。古人留下的任何东西都要打个问号，争论、辩论可以继续，见仁见智，也尽可由着大家。但我以为：张彦远毕竟离顾恺之比我们近得多，作为"画史之祖"，文章千古事，他也不会贸然处之。所以，我是相信张彦远的。

现在离张彦远收录这三篇文章时，又已过去了一千多年。虽是议论不断，但也更难以作出定论。这是正常现象。本书虽不是学术专著，但此三篇文章，却是顾恺之画论的主要理论著述。这里不揣冒昧，参酌多人见解，把它们翻译成了现代白话文。

1. 《魏晋胜流画赞》顾恺之

凡作画，人物是最难画的，其次是山水，再其次是狗和马等动物。至于亭台楼榭，它只是有一定的形状结构和透视变化，掌握它们虽也有一定难度，但只要多花点工夫，就容易画好。不须要把我们的思想迁入到其中，去获得更加深奥微妙的东西。

至于绘画作品的分别等级要加以品评，就是善于推算天文历法的人，也是很难于计算的。

《小列女》面部虽有一种"恨"的神态，他的容貌举止却刻画得没有生气；又画成了一个男人的四肢和身体，不太自然。服饰和其他器物倒画得很奇特，尤其画女子的衣服和发髻很是华丽，俯下身子或仰起身子，一点一划都能表现出她艳丽的姿态。尊卑贵贱的形象，也一看就清楚，真是难以超越的啊！

《周本纪》画的人物很多，层次很丰富，形体刻画得很有笔力。但人物的形象却不如《小列女》。

《伏羲》伏羲氏和神农氏，画得完全不像现在的人，却有一种奇风异骨，而且还画得十分美好。伏羲氏和神农氏都是属神的类型，他们深邃的思想和博大的精神，在眼神中显现得非常深远而难以捉摸，居然把那种洞察宇宙发展的普遍规律的意念也表达出来了。

《汉本纪》这幅画是一个叫季王的人画的。画中的人物形象确有天子的风骨和气概，但缺少一点细致入微的深入刻画。至于汉高祖刘邦的形象画得超然豁达，崇高魁伟，看了就像看到他本人一样。

《孙武》这幅画是大荀——即荀勖的手笔。画中人物的风骨和情趣很是奇绝。吴王阖闾的两个宠姬，不仅描绘出了她们的可爱与美丽，又表现出了她们惊恐至极的样子。如果以面对见到的客

观对象进行巧妙的剪裁，然后去找出最能表达这种场面的构图布局、经营位置，这就是通达画法的变化，不拘成规而能随机应变了。

《醉客》这幅画是先画了人体的骨骼间架，然后再幔上衣服的，这是为了更好的表现酒醉后的神态，非常有变化和情趣，真是一幅好画啊！

《襄苴》这幅《襄苴》类似于《孙武》那幅画，但不如《孙武》那幅画得好。

《壮士》这幅画所画的壮士，有那种奔腾向前的大气势，遗憾的是没有把壮士慷慨激昂的神态完全表达出来。

《列士》这一幅是表现蔺相如完璧归赵的故事。面对秦王，蔺相如的风骨与相貌是表现出来了。但蔺相如那种对秦王的表情，过于激烈外露，不像英勇贤明之士的气概，这是由于对古人贤士的探求体验还不深刻的缘故。

而后面这幅描写荆轲刺秦王的故事。秦王对荆轲突如其来的行刺行动所产生的表现、表情，却又显得太闲散。

凡是这些缺点，虽是画得很好，但终是显得美中不足，没有达到尽善尽美。

《三马》俊秀的骨骼，天然奇特。那种跳跃腾越的姿势，如凌虚空一样，这种对马的神态和气势的描绘，可以说达到尽善尽美了。

《东王公》东王公像神仙"天吴"（水伯），俨然有一种神灵的气度，而不像现实生活中的人。

《七佛》及《夏殷大列女》这两幅画都是卫协画的。画中的形象伟大崇高，而且有情势。

　　《北方诗》这幅画也是卫协画的。是巧妙缜密深思熟虑的作品。但他还没有脱离开"南中画派"画风的影响。自然"南中画派"这种画风兴盛起来以后，按照客观对象的形象来安排布置画面、描绘对象，转变为不可同日而语的画法了。美丽的造型，准确的比例，合乎自然的物象，细致入微的刻画，大家都认为是宝贵的。神态仪容装在画家心里，而又能够通过画家的手表达出来，这种玄奥微妙，对于欣赏者是不用画家去多说的。这样就会真正杜绝了人们通往广阔想象天地的思路，不可被众人的议论所迷惑。

　　执有某种偏见而又好像什么都通晓的人，也应该请教于见识高明的人。学习绘画能够懂得这个道理，那他对绘画艺术的了解，就超过一半了。

　　《清游池》画家肯定没有去过镐京，不知道镐京到底是什么样子，因此在画面上只是画出了一些山川形势。山中可以看到很多龙虎杂兽，虽然画得不怎么合体，但举止形势，变化动态还算多种多样。

　　《七贤》画的是"竹林七贤"，但只有嵇康这一形象画得还好。其他的虽然画得不十分好，但比较以前那些"竹林七贤"的画，还没有哪幅可以比得上这幅画的。

　　《嵇轻车诗》画作啸（类似吹口哨）的人，很像人在长啸一样。然而，嵇康那种憔悴的容颜却不像是他。在处理意境、安排事理上既好，画中林木疏密，雍容得体、协调畅快，也很有天趣。

　　《陈太丘二方》太丘长陈实，从来平易朴素，像古代的贤人。他的两个儿子元方、季方也是这样。

　　《嵇兴》画中的嵇兴，就像嵇兴这个人。

　　《临深履薄》如临深渊，如履薄冰，那种战战兢兢的样子，表

现得特别的好，剪裁得也很巧妙。

上述自《七贤》以下的五幅画都是戴逵的手笔。（完）

这篇文章是顾恺之对魏晋当时几个画家作品的评论。首先在前面他阐明评论作品的纲领，并以他"迁想妙得"的理论来衡量各种画法的好差。继而对当时的二十幅作品一一加以评论。一幅作品，形状色彩，阴阳比例的合乎法度，是很重要的，但画家更重要的还在于"神仪在心"。至于鉴赏，也要"心领神会"。此文是中国历史上最早最有价值的论画文章。就在世界上，也是最早的一篇论画的文章。文中对绘画的原理、技法都有正确的阐述。为南朝谢赫推出评画的"六法论"奠定了基础。后来品评绘画一类的书籍，虽然接踵而出，其实都是从此文推演而来。

2. 《论画》顾恺之

凡是将要摹拓画的人，都应当先了解我讲的这些要领，然后才能够去进行这项工作。

凡是我所创作的那些画，用的素绢篇幅都是特制的，宽2尺3寸（东晋时的一尺，合现在的24.45厘米，2尺3寸为56.24厘米）。那些丝纹斜的素绢不能用，因为这种素绢时间一长，丝缕就会还原为正，画中人物的容颜相貌也就跟着失真了。

用素绢去摹拓成正稿，应当把这两张素绢很合适的重叠在一起，任其自然地摆正，然后用镇纸压住，切记不要去随便移动它。

笔在前面运行，而眼睛也向前看，使新画出的墨线靠近我，应该经常保持使眼睛看到哪里，画笔就画到哪里。隔着一层素绢，所摹拓的样本就远了我们一层，这样摹拓起来如有一丝变动，积少成多，就容易出现大的误差。为了防止这种情况，可以让新的

笔迹很正确地经常让它掩盖在原来的笔迹上，而防止它靠近内里而走样。

如果画较轻的物象，适宜于流利的用笔；画重的物象，笔迹就适宜沉着凝重。不管使用流利的线条，还是沉着凝重的线条，都是为了能更好地表现出对象的特质。譬如画山，笔迹流利了，画出来的山就好像在浮动一样，伤害了山的巍然屹立崇高而凝重的形象。在用笔上，有的人喜欢柔婉，那么在画转折棱角的地方，就不锐利；有的人多用曲折的线条，就会增加那些不必要的弯曲和转折，这种不能兼顾的毛病，难以用语言说得清楚。要想去掉这种轻重刚柔不能兼顾的毛病，必须下苦工夫在实践中去研究体会，像轮扁做车轮一样，熟能生巧，才能心手相应。

画脖颈以上的面部，宁可用笔慢点，不要快。不能因为离画远了，而出现差错。至于一幅画是画好多人物的，那么这些人物形象各有特点，就需要用不同的笔法来处理，而且仍然要让新画的笔迹正好掩盖在旧画的墨迹上。在线条的长短、刚柔、深浅、广狭与点睛的关节之处，在上下、大小、浓淡上，有一丝一毫的小失误，那么神气也就会因此而全变了。

画竹、木、土之类的东西，可以让墨彩的颜色轻一些，而松、竹的叶子就要浓一点。

凡是胶、清水和颜色，不可放置在素绢的上面或下面。

如果有一幅好画，它的整个素绢已经变黄了，看不清楚原作的线条，那就不妨把上面的素绢揭开来看一看。但要注意不能全揭开。在画幅的两边要各留下不到三分的空白。

画面上的人物有长有短，现在既然已经定了远近，并且他们各自的眼神都有所对应的对象，那么就不要改变这些人物之间的

宽窄距离，和挪动他们的上下位置。凡是活生生的人，没有双手作揖，而前面没有所对应的对象。用形象描绘一个人的神态，而他们的眼神又没有对视的实际对象，这就违背了人的自然天性，传神的意趣也就失去了。眼神没有对视的实体，这是一个大的失败；而对应的不到位，则是个小失误，这一点是不可不注意的。

一幅人物肖像画，不管画得鲜明还是暗昧，都不如画出人物之间的对应关系，更能达到通向神韵的目的。（完）

此篇画论，主要是说摹拓画的方法。中国画的传承学习，主要依靠"传模移写"。这种方法，确是中国画初学入门的重要方法。但这里所说的"摹"，我的看法有两种，一种是指学习临摹别人的作品，另一种更主要的，是从草稿过渡到正稿的"摹拓"。

历代论画，多好高谈阔论，有些故弄玄虚，自命不凡。而对于应用技法，缄口不谈，以免受人鄙视，诋为"工匠"。因此古代很多好的绘画技法渐渐失传，无法查考。只有顾恺之，虽为绘画大家，却能将此最基本的学习方法和作画方法，手把手地详细指导，步步深入，既有具体技法，又有原理原则。深入浅出，不厌其烦，可惜后继乏人。

3. 《画云台山记》顾恺之

向西去的山，要详细分别它们的远近。其山势发迹于东面的山脚，然后转而向上，没有到一半的地方，画上五、六枚紫石，像竖着的云头。狭窄的山冈乘势穿插于紫石中间，蜿蜒如龙，抱着山峰径直而上。下面画一顶部比较平缓的积岗，使人望去有蓬蓬然草木十分茂盛的样子。然后再画一山峰。它的东面相邻壁直峭峻的山峰；西面则相连着向西走向的丹崖，下面依据着绝壁样

的深涧。画红色的山崖紧临涧上，应当使这红色的山崖显得峻拔高大，画出那种险绝的气势来。

张天师坐在丹崖上。围绕天师所坐的石头，树木茂密成荫，宜把深涧中的桃树生在石头缝中。画天师要画得瘦削而很有神气。凭看山涧，手指着桃树，回过头来和徒弟们说话。徒弟中有两个人，在崖边倒伏着身子，非常恐惧地向下看着，汗流失色的样子。画王长静静地坐在那里回答天师的问话，而赵升则精神爽朗、全神贯注，俯着身子，斜看着桃树。另外可以再画出王长、赵升来，一个人隐藏在西边倾斜的岩壁后，只露出一部分衣裙，另一个人可全见。要画出轻风微吹，清静冷幽。

凡是画人，坐时可画成立时的十分之七。衣服要画得特别鲜艳明亮，这是因为山高了，只有这样才能使人物突出出来。

中段东面，是丹砂色的陡峭绝壁。应该把它画得险峻而高耸，并画一棵孤松在上面。对着天师所在的绝壁下面有一深涧，可以使这条山涧两面的山崖离得很近，让两面的绝壁之内，显出一种凄怆澄清的气氛。神仙居住的地方，必有奇异的山石耸立，因此可于这个峰头画一亭立的紫红色石峰。它与左阙山峰一样相对。尽管这里山崖陡峭高耸，西面通向云台处还要画出一条路来。右边的阙峰要以岩石为根，根下就空出来不要再画什么了。并用这些岩石的重势和作为右阙峰的山岩相衔接，以此相合环抱而临东涧。它的西面，石泉又隐约出现。于是根据险绝之处，画出一条长的山冈，山泉也就跟着潜伏而往下降，水又从东面出来。流下的山涧，成为一处急流石滩，逐渐向下流入深渊。之所以要把这股流泉一会儿西，一会儿东，向下流入深渊，就是想把画面变得更为自然和真切。

云台山的西、北两面，可画一个山冈围绕起来，岗的上面为双碣石，像左右两个阙门。石上画一只即将展翅的凤凰，凤凰要画得婆娑多姿，羽毛秀丽而神态安详，并张开尾翼眺望深涧。

后一段，画几块赤色的山旁岩石，应当画得像雷电震开来的一样。对于云台西边、凤凰所临的绝壁画成一条涧，涧的下游有清澈的流水。在侧壁外面，画一只白虎，匍匐在石头上饮水。后面的山峰，逐渐得往下降而至慢慢消失。

这幅画一共画三段山，画幅虽然比较长，但仍旧要使画面非常紧凑，不然就不相称。鸟兽有时要用，但要根据他们的仪容体态而适当的使用。

下面山涧，峭壁上的草和树都是倒悬的姿势。要画一条清气带，飘荡在山的下半部分三分之一以上处，可以使山显然成为两重。

（完）

一般认为，历史上的绘画皆以人物画为起始，并兼有动物等，然后才是山水风景画和其他（如静物等）画种。这恐怕是与人类的生产活动、生活习惯和审美力的逐步提高密切相联系的。当然，如此分类也不尽善，毕竟他的分期并无量化的标准，但他却有标志性的路碑。

顾恺之是中国人物画的巨匠。这在历史上已为大家所公认，人物画至顾恺之的时代已相当成熟。尤其是顾恺之提出了"传神"论之后，人物画确已步入了一个新的高峰。相对来说，此时的山水画没有独立成科不说，甚至还在学着走路的幼年阶段。但是，顾恺之在山水画方面的成就和地位，也不容忽视！

顾恺之博学多才，在他的诗赋中早就可以看到他对大好河山的描述，如顾恺之从会稽回驻地，人家问他那里山川景色如何？他说：千岩竞秀，万壑争流，草木蒙茏其上，若云兴霞蔚。他在江陵桓温处做客时，桓温对自己治理的江陵城十分得意。有次傍晚，在江陵郊外他对大家说：哪一位对此城景色评论得最好的有赏。顾恺之脱口而出：遥望层城，丹楼如霞。桓温当时就赏了他两个婢女。

而顾恺之在他创作的诗赋中，描写山水的的确也很多。如《观涛赋》《虎丘山序》《天台山记》《湘川赋》《湘中赋》等都是，说明他是极为醉心于山水的。

在他流传下来的《女史箴图卷》中"道罔隆而不杀"一节，其实已经是一幅较完整的山水画了。他的《洛神赋图卷》更是一幅山水的连续图（虽然他主要是一幅人物画长卷）。

当时的山水画主要还只是人物画的背景，正如唐朝张彦远所说：画山水，则成群的山峰就像妇女头上的装饰品和戴着的牛角梳子。画水则像一个小水塘。或者画的人总比山还大。很草率地点缀些树和石头。一排排的树，则像伸出的手臂和分布的手指。

但是到了顾恺之手里，山水画虽还未走出它的幼年阶段，但也已经初具雏形，具备了若干单独欣赏的因素。尤其是《洛神赋图卷》中水和云的描绘，已经达到了一个很高的境地。在他所传下的画作中，也已有纯粹的山水画作品，如：《山水》六幅、《庐山图》、《望五老峰图》、《雪霁图》等。当然对这些作品，我们都没有见到原作或摹本，值得存疑。

《画云台山记》它是直接描述画云台山这幅画的具体的构图设计。可以说，山水画作为独立分科，顾恺之已肇其始。

有人说《画云台山记》基本上仍然是一幅描写《张道陵三度弟子》的人物故事画，山水仅是他的背景陪衬而已。

但是从顾恺之作此文的题目就是《画云台山记》，而不是《张道陵三度弟子图》来看，开宗明义，《画云台山记》主要就是说的是如何画好云台山！

人物故事虽然从形体到精神状态都有很细致的描述，但不论是从篇幅看，还是从对山水画论述的广度和深度看，《画云台山记》都是一篇史无前例的山水画论著。也可说它是一篇中国山水画分科的宣言书。《画云台山记》一文，从构图到技法，已经确立了山水画作为独立画科的理论基础。

顾恺之在《女史箴图卷》的"道罔隆而不杀"一段中的描绘，尤其是整个《洛神赋图卷》，始终都配有山水画为背景。确是中国山水画独立分科的滥觞。

中国的山水画要到隋唐时才渐趋成熟（展子虔、王维、李思训等）。至五代、北宋就已完全成熟。但不能因为不成熟，而就否定。一个人从出生到成人，都有一个过程。山水画的成长、成熟，也是一样。

《画云台山记》中有些技法，如山峰的阴阳之法，天空和水面涂色之法等，在当时确实是很先进的，为什么没有继承下来，这应该说不仅与中国人的欣赏情趣和欣赏习惯有关，而且也与中国画使用的笔和纸的特性有关。代代继承，好的发展，不足的补上，不适合的就淘汰。这是很自然的事情。

十四、顾恺之的艺术风格

顾恺之的作品原作，现代人已经看不到了。就是"下真迹一等"的临摹品，普通百姓也难以企及。甚至连好一点的印刷品，也是极少。顾恺之作品的艺术风格，除了我们能见到的临摹品、印刷品，主要还是靠前代人的评论和评价。

号称中国历史上"画史鼻祖"的唐代张彦远称赞顾恺之的画：传神"阿堵"，神妙亡方；意存笔先，画尽意在；画的线条紧劲连绵，循环超忽，格调逸易，风趋电疾。张怀瓘更说：顾恺之的画，其神气飘然在烟霄之上。塑造人物的美，张僧繇体现在肉（表面的），陆探微表现在骨（内在的），只有顾恺之得到了他的神髓、神韵（内心的）。

那么顾恺之画的艺术特点，或说艺术风格到底体现在哪些方面呢？

毫无疑义，顾恺之美学的中心思想是"传神论"。所以他的艺术风格无不渗透着"传神论"的美学思想。归纳起来，主要有下述几点：

1. 传神阿堵，神妙亡方

顾恺之的画，他首先强调的是"传神"。当然他的这个绘画理论当时主要是针对人物画和肖像画而言的。

他在绘画理论中明确提出"以形传神"的著名论点。但是这一论点，顾恺之对于"形似"，决没有有丝毫的否定或忽视。他说：美丽之形，尺寸之制，阴阳之数，纤妙之迹，世所并贵。又说：若长短、刚软、深浅、广狭与点睛之节，上下浓薄有一毫小失，则神气与之俱变矣。顾恺之不仅没有否定"形似"，而且认为"形似"如果有一点点小的失误，也会影响到画面的"传神"。但是"形似"只是画画中最起码的要求。绘画还必须"传神"。

"写形"的目的是"传神"，"传神"则是"写形"的落脚点和归宿。

同时，画画还不能是纯自然主义的反映。他画裴楷脸上加毫毛，画谢鲲在山岩里……都说明他对典型人物的典型处理，是经过再三推敲、深思熟虑的。但是因此也有人批评他的画：迹不逮意（谢赫语），画冠冕而忘面貌（孙畅之语），……

对此，顾恺之说："以形传神"就像"得鱼忘筌"，"筌"是一种捕鱼的工具。"筌"重要吗？当然重要。但目的是捕到鱼。这里主要意思是说画画是不应完全拘泥于"形似"的。

顾恺之又说：四体妍蚩，本无乎妙处，传神写照，正在阿堵之中。就是说肢体的美丑，还关乎不到人的最妙处，要表达出这个人的"神"，倒是在这个眼睛之中呢！他认为在绘画中对眼睛的处理最为重要。

顾恺之对别人的画是这样评论的，而对于自己的创作更是这

样做的。

现在传为顾恺之的作品，不管是否是临摹品，就剩《女史箴图卷》《洛神赋图卷》和《列女仁智图卷》三个长卷还比较可信。其中尤以《女史箴图卷》更符合顾恺之的风格特点。但这些临摹本，较之真迹，肯定都有差距。

另外，画上所绘人物太小，对于眼睛的描写就不可能那么具体和清楚。而顾恺之生前画的画，又大部分是人物肖像。他在讲到"以形写神"时，也大都讲的此类作品。顾恺之说过，他画的画，幅宽都在二尺三寸（约合现在 26.24 厘米）。那么从当时画肖像，一般都是画的全身。就这样的画幅，头像已经可以画到鸭蛋大小；如果画的是坐像，人头还可以更大。那人物眼睛的描绘，可以看得十分清楚了。可惜这些作品，连一张临摹品都未传下。

顾恺之的画，初见甚平易，细看则六法兼备；设色以浓彩微加点缀，不晕饰，运思精微，襟灵莫测，神气飘然，饶有浪漫主义的色彩。他的画继承和发展了古代的现实主义的优良传统，打破了以前那种以宗教题材为主的风气。顾恺之的突出成就在于他的人物画以日常生活为题材，生动传神。成为伟大祖国艺术宝库里最宝贵的遗产。

有人评论他的画说："传神"是注意了，但是"神妙亡方"、"形或时有所失"。平心而论，我们在顾恺之作品中所看到的，不论是人体比例、动作动态、形象刻画、衣纹衣褶、布景配置以及线描设色等等，哪一样不是精心描绘，全面准确！上述情况，至少我们还未看到。再说一个人一辈子作品无数，偶有败笔，也很自然。何况早、中、晚年的作品肯定还有不同呢！

顾恺之的作品当时称为"顾家样"，学过他的人很多。如稍后

的南朝陆探微，唐朝的吴道子等，都曾学过他的画，而且都成了卓然大家。

2. 意存笔先，画尽意在

意存笔先，画尽意在，所以全神气。这句话是唐朝张彦远针对顾恺之的作品说的。意存笔先，就是说的画画前的"立意"。

顾恺之画画，非常注意事先的构思和筹划。用现代话说，就是策划。孙子兵法说：凡事预则立，不预则废。做任何事情，事先都应该有一个好的计划。有了计划，事情就办得成；没有计划，事情就做不好。画画也是一样。

立（存）什么"意"？主要考虑要在具体形象中如何展示更多的意蕴，要有高度的概括性和暗示性，寓无限于有限的形象中。要给观者以联想、畅想和神交、神游的余地。这就是在下笔前所要立（存）的"意"。

张彦远还曾说过：顾恺之画连着的五十尺（合现在的十二米多）的画，心敏手运，画得非常快。而且头面手足、胸怀肩背，一点不失尺度。这种本事，除了顾恺之，还有三国时的曹不兴可以做到。这如果没有成竹在胸，没有过硬的技巧是不行的。

顾恺之有这种本事，但也不是一味地快，而是疾徐有序。他说：画到脖颈以上的颜面部位，宁慢而不要快，不致因为快而有所失误。

顾恺之的"画尽意在"，说的是画画完了，但画上的意思并没有完。这与我们前面说到的"玄赏则不待喻"，是一种意思两种说法。就是说在画面上并不需要把你的意思都说完，而是要给观看的人，留有联想的余地。

顾恺之授人以术，总是那样中肯。

3. 线条高古，调格逸易

顾恺之画的另一个特点，就是线条画得特别好。后人称之为"高古游丝描"或"铁线描"。更有人称他勾勒轮廓和衣褶所用的线条"如春蚕吐丝"，又如"春云浮空，流水行地"。张彦远说顾恺之的笔迹：紧劲联绵，循环超忽，调格逸易，风趋电疾。

顾恺之善于用他劲挺有力的线条，细致入微地描绘人物的五官和表情，处理自然大方的动态和飘逸流畅的衣纹，优美生动，充满艺术魅力。

现存的三个长卷，程度不同地都体现了顾恺之的这种独特风格。尤其是《女史箴图卷》中，那种清丽的容貌，细腻的肌肤，颀长的身材和飘逸的裙带，全用连绵不断、悠缓自然而富于节奏感的线条贯穿了起来。看他的画就像听着一部连绵悠长、雄伟舒展、柔缓自然、节奏鲜明的交响曲一样。

我们先来看《女史箴图卷》的线条，十分符合张彦远的评论。画家的笔墨是"简淡"的，但他的稳定而匀细的线条，塑造了如冯婕好意志坚定、神色恬然的表情；司箴女史的端庄秀美的神态；"修容饰性"图中妇女形象的雍容华贵……。尤其是那段挽辇宫人杂沓的步伐，那种似有点杂乱的线条，恰到好处地表现了宫人们匆忙前行的动态。

《洛神赋图卷》中的线条，虽不及《女史箴图卷》中的水平，这大概与临摹者的技艺水平有关。但仍然透露着顾恺之风格的风采。特别是洛神驾辇从水上离去那一段，前人称之谓"春云浮空，流水行地"的那种明快舒畅、循环超忽的线条，把画面推向了最

高潮，几乎达到了出神入化的境地。

《列女仁智图卷》的线条，虽较前两个图卷稍有逊色，但那种古朴的气息，仍然扑面而来。尤其线条加以晕染，不仅是一大特色，更是一大进步。

历史上列顾恺之、陆探微的绘画风格为密体，张僧繇、吴道子为疏体。详察他们各自留传的画，既有传承，又有各自的面貌。上述评论，也有道理。

十五、顾恺之的历史地位

顾恺之的人物画，强调传神，注重点睛。认为传神写照，正在阿堵（指眼珠）中。其笔迹紧劲连绵，如春蚕吐丝，又如春云浮空，流水行地，皆出自然，通称为高古游丝描。着色则以浓色微加点缀，不求藻饰。他善于用睿智的眼光来审察题材和人物性格，加以提炼，因而他的画具有思想深度，耐人寻味。顾恺之是继东汉张衡、蔡邕等以来所有士大夫画家中成就最突出的画家。他总结了汉魏以来民间绘画和士大夫画的经验，把传统绘画向前推进了一大步。

中国历史上有一种很有趣的现象：往往一个大人物的出现，随后人们就把他神化。如老子李耳成了"太上老君"、比干和范蠡成了文财神、赵公明成了武财神、杜康是酒神、秦琼和尉迟恭是门神……，连个《水浒传》里的惯偷时迁还当了个贼神。大千世界，无奇不有。顾恺之乃一代绘画大家，称他为"画圣"、"画祖"也就罢了，居然还有把他封为一方保护神的。

1. 造神错了位

苏州齐门外陆墓镇（现改为陆慕镇），因这里有唐朝著名政论

家、宰相陆贽的墓而得名。这里还有宋代就有专门为宫廷生产“金砖”（一种大型方砖）而闻名，被明朝永乐皇帝朱棣封为“御窑”的御窑村。但是现在这里最最著名，甚至可说是家喻户晓的，却是“顾恺之庙”。当地人原称“老河泾庙”（也有称“老湖泾庙”的，因苏州话“河”“湖”不分）。但百分之百的人知道这里供的“大老爷”叫顾恺之，无锡人。

翻了一下苏州地方志等有关史料，这里原来是建于南宋绍兴初（1131）年的“悟真道院”，并非是“顾恺之庙”。明朝崇祯十年重修，清同治又修过一次。是否崇祯十年重建时改成了“顾恺之庙”也未明说。

据当地百姓传说：虎头将军顾恺之在“长板堑（今庙址）与金兵鏖战，壮烈牺牲，后人建庙祀之。牛头马嘴，东晋的顾恺之怎么到南宋打金兵来了？但当地人都是这样说的。

其实，这里的老百姓从未把顾恺之当成一个大画家来看待。而是“水土两部尚书，总理金鹅三乡”、保护一方百姓消灾纳福的土谷神（即保护神）。

上世纪九十年代中，据原庙祝、后供职于无锡油嘴油泵厂的蒋寿根先生称：这里原有门匾为“晋敕封（建）顾恺之庙”，庙里大殿上有乾隆御题“英风千古”等。但现在这些匾额均已遗失。新中国成立后这里早就被镇供销社用作仓库之用。

由于地处偏僻，历来兵火不到，所以现在的建筑，据专家考证，确实尚是南宋之物，被原吴县列为重点文物保护单位。

“文革”后，此处又已初步恢复原貌，作为一处老百姓祈求风调雨顺，国泰民安的宗教活动场所。现在又增加了一些有关顾恺之的真实历史内容。

几百年来，每年农历十月十八，传说顾恺之生日的纪念祝寿活动要搞三天三夜。至时四面八方的老百姓都会来给顾大老爷"祝寿"。人头涌动，香火很盛。

在苏州齐门外这块地方，原还有两处"中河泾庙"和"小河泾庙"。前者早被光华水泥厂占用，已无迹可寻；后者就在该镇下塘南街，旧屋尚在，则是里面没有了"老爷"。但门外老百姓烧的香灰，成了一个小土堆，可见香火仍盛。

但这里能否算是一个对顾恺之的朝圣之地呢？谁也不敢说。因为毕竟顾恺之在这里只是个"神"。乡间迷信，哪管你是佛还是道，烧化的是"大悲咒"、"金刚经"，念的是"阿弥陀佛"。中国历史人物那么多，尤其吴中之地，俊才更是集中，怎么此地乡人偏偏会选中顾恺之当他们的保护神呢？既无史料可查，传说更是牛头不对马嘴。其中因由谁能说得清。

为什么在这里要插写这一段？感慨于此地老百姓对画坛老祖宗——顾恺之的虔诚。但他们真的造神错了位。这也是当地百姓的可爱之处吧！既然这里供的神像就是顾恺之，那么，总比有些地方，连个可供瞻仰和纪念顾恺之的场所都没有要好一些吧！

2. 千年有定评

对于顾恺之的评价，历史上总的倾向是肯定的。但也难免褒贬不一。

顾恺之作为画家，在中国美术史上作出了巨大的贡献，对后世的影响极其深远。

在画史上与南朝的陆探微、张僧繇被后人并称为"六朝三杰"。也有以曹不兴、顾恺之、陆探微、张僧繇合称"六朝四大

家"的。

他的同时代人，对他的作品评价极高。如谢安（320—358）就说顾恺之的画"自苍生（又说生人）以来未之有也"。这一评语，可说是空前的。这评价是否是过誉？不，这是"恰如其分"的评价。

因为在顾恺之之前，绘画虽强调了它的功能作用——鉴戒（教育），在艺术表现上，还只是表面上画得像"人"而已。只要人体比例差不多，画得像那么回事，这个水平当时也可算已经很高的了。画虎不成反类犬，这种情况也还普遍存在。

只有到了顾恺之，才提出了不仅要"形似"，更重要的是"神似"。绘画从此进入了一个由单纯的鉴戒作用，上升为鉴戒和欣赏并重的时代。

但是，对顾恺之的水平和评价，也有不同看法。如后于顾恺之百来年的南齐谢赫（479—502）在《古画品录》中就认为顾恺之画"格体精微，笔无妄下，但迹不逮意，声过其实。列于第三品，在姚云度下，毛惠远上。"谢赫认为顾恺之的画虽然画得很精细、没有什么败笔，但笔墨表达不了内容，声誉超过了实际水平，只能放在三流画家的中等水平。

不过，谢赫对顾恺之的评价，他本人也前后不一样。如《建康实录》（二十卷·唐·许嵩撰）中说：谢赫论江左（江南）画人，吴曹不兴、晋顾长康、宋陆探微皆为上品，余皆中下品。

谢赫的前一评论，很快也遭到了不少人的反对。

南陈时姚最（537—603）另据资料：姚生于梁，仕于周，殁于隋）写了一本《续画品录》里面说道"长康之美，擅高往策，矫然独步，终始无双，有若神明，非庸识之能效；如负日月，岂

末学之所能窥？荀、卫、曹、张，方之蔑矣；分庭抗礼，未见其人。谢云：声过其实，良可于邑，列于下品，尤所未安。斯乃情有抑扬，画无善恶。始信曲高和寡，非直名讴；泣血谬题，宁止良璞！"主要意思是：顾恺之的画水平特高，到现在还没有第二个可以比得上他，像有神明一样，知识浅薄的人不能学；又像太阳月亮，那些学了点皮毛的人怎么能看得透呢！要与顾恺之比的人，还没有生出来呢！不平之情，溢于言表。对谢赫贬黜顾恺之，姚最几乎到了血泪控诉的程度。

到了唐朝初年的李嗣真，更是在赞扬和肯定顾恺之的同时，以无比激愤之情抨击了谢赫。成书于武则天天授元年（690年）的《后画品录》说："顾生（恺之）天才杰出，独立亡偶，何区区荀（勖）卫（协）可滥居篇首，（曹）不兴又处顾上，谢（赫）评甚不当也。顾生思侔造化，得妙物于神会，足使陆生（探微）失步，荀侯（勖）绝倒。以顾之才流，岂合甄于品汇？列于下品，尤所未安！今顾、陆请同居上品。"大意说：顾恺之天才杰出，没有第二个。荀勖、卫协、曹不兴、陆探微等都不在话下。根本不能以品位来评他，更不能把他列于下品！

接着张怀瓘在《画断》中说："顾公运思精微，襟灵莫测，虽寄迹翰墨，其神气飘然在烟霄之上，不可以图画间求。像人之美，张（僧繇）得其肉，陆（探微）得其骨，顾（恺之）得其神。神妙亡方，以顾为最。喻之书则顾（恺之）陆（探微）比之钟（繇）张（怀瓘），僧繇比之逸少。俱为古今之独绝，岂可以品第拘？谢氏黜顾，未为定鉴！"

这可说把顾恺之捧到了天上，谢赫成了"众矢之的"。

这场论争，一直到晚唐张彦远写出了一本世称"画史之祖"

的《历代名画记》之后，由于张的评论比较客观、全面，才使这场评论、舆论渐趋一致。也为顾恺之在中国绘画史上奠定了不可动摇的历史地位。

《历代名画记》中，专门有关于顾恺之的专论，且在书中的篇幅最长，收入的资料最多，论述也最全面。从顾恺之的生平逸事，师承、文艺思想，作品及画论著述等都作了系统的研究和分析。

张彦远在《历代名画记》中说："自古论画者，以顾生（恺之）之迹，天然绝伦，评者不敢一二。"又说："或问余顾（恺之）陆（探微）张（僧繇）、吴（道子）用笔如何？对曰：顾恺之之迹紧劲联绵，循环超忽，调格逸易，风趋电疾，意存笔先，画尽意在，所以全神气也。"

张彦远又说："顾生（恺之）天才杰出，何区区荀（勖）卫（协）敢居其上？"他说："遍观众画，唯顾生（恺之）画古贤得妙理，对之令人终日不倦。凝神遐想，妙悟自然，物我两忘，离形去智。身固可如槁木，心固可以如死灰，不亦臻于妙理哉？所谓画之道也。顾生首创《维摩诘像》，有清羸示病之容，隐儿忘言之状，陆（探微）与张（僧繇）皆效之，终不及矣！"

平心而论，谢赫对于顾画，也并没有一概否定，如他说顾画"格体精微、笔无妄下"。对顾恺之其人，先前也说过："江左画人，吴曹不兴，晋顾长康，宋陆探微皆为上品，余皆中下品。"问题就出在："迹不逮意，声过其实"一句。并把顾恺之放到了极不相称的二、三流画家的位置。此中缘由就不能不说到顾和谢的世界观的不同。其次就是艺术思想上的差别，以及对表现技法的各自喜好和认同的差别。

谢赫所处的时代，离顾恺之那时相距有近百年。不仅两个人

的思想意识、精神境界已经有很大的不同，可能顾恺之那时的时尚，也已不为谢赫所理解了。

表现在艺术思想和技艺方法上，谢赫与顾恺之有着更大的不同。虽然很多论述在内在上有着传承关系。例如，顾恺之的"传神论"，实际是形成后来谢赫的"六法论"中"气韵生动"的主要基础和根据。在"写神"的过程中，有时可能会"忽视"了形。而谢赫此人却是个"完美主义者"，他特别强调对象形体的是否正确，用笔是否细致，色彩是否鲜明，以及发式、服饰是否新颖时尚等。他是迎合了他那个时代新的欣赏习惯和时尚风貌的，当然跟顾恺之就拉开了一定的距离。

顾恺之出身于江南门阀士族之家，他有很好的条件接触很多关于形成他日后的政治态度和思想意识的各色各样的书籍、言论、行为和信仰等事物。例如当时玄学盛行，佛道并存，顾恺之对此都有深入的触及。他的世界观的形成，不免插入了儒释道的多种成分。当时的社会风气和风尚都在顾恺之处世态度中留下了深深的烙印。

顾恺之生活的魏晋时期，这是一个政治经济极为动荡、学术思想极为复杂、思想斗争极为尖锐的时代，艺术上也正处于一个传统需要发展更新、外来艺术需要吸取融合的年代。顾恺之处在这样一个大转折时代，他的思想意识、精神境界也无不受其影响。形成了他性格上的率直通脱，好谐谑，矜伐过实。用现在的话说，那就是他比较率直真挚，好说点俏皮话，开个玩笑，也喜欢吹吹自己，有点言过其实等。表现在他的处世态度上，就是"痴绝"。关于这个问题，我们前面已经说过，不另赘述。

这其实都是很多东晋士人们的普遍精神状态，也可说是"通

病”，只是顾恺之表现得更典型一点，更鲜明一点而已。

他并不特别热衷于仕途。他虽也做过官，而且时间很长，但不管他在桓温处还是在殷仲堪处，一直是做一个闲职的“参军”，也可说是一个清客。他在政治道路上、生活道路上，都没有什么敌人。用现在的话说，有点不问政治。从桓温当参军，甚被亲昵；在殷仲堪处当参军，也很被眷顾。以致他请假还江东时，照例不给布帆的，殷仲堪也破例借给了他。甚至对桓玄这样一个政治流氓，他也能与其频频交往。甚至被他骗去了一橱画，也不生气，只说“画已通灵，变化升天去了。”

顾恺之与比他年龄稍大的画家、雕塑家戴逵（？—396）比较：他假痴真黠，一直委身于豪强高官之间，混迹于当时的“上流社会”之中。虽不说左右逢源，至少生活是稳定的。但精神上的压抑，可能常人是不易了解的。戴逵则不同：同样醉心于艺术，戴是一直在民间，过着颠沛动荡的生活。他坚辞武陵王司马晞的征召，坚决“不为黄门伶人”。但他的身子是自由的，尤其精神是自由的。两人在“骨气”上，确实大不一样。

最后，殷仲堪被桓玄杀死，桓玄谋反也被镇压，他却纹丝不动，且还升了个“散骑常侍”。这些都不是偶然的。

到了晚年，刘裕北伐南燕时，还请他写了一篇《祭牙文》。

唐朝“诗圣”杜甫对顾恺之是推崇备至的。

杜甫20岁时在瓦官寺见到了顾恺之壁画《维摩诘像》。27年后，他送朋友回江宁（南京附近）探家时，他又写下了一首诗，诗中有“看画曾饥渴，追联恨渺茫；虎头金粟影，神妙独难忘”之句。说明杜甫在看了《维摩诘像》后，终身未忘。后来又在“秋日夔府咏怀”中写了“顾恺丹青列，头陀琬琰镌”之句。在玄

武禅师寺中看到"何年顾虎头,满壁画瀛州?"顾恺之在这位诗圣心中的地位可想而知。

北宋苏东坡写有《顾恺之画黄初平牧羊图赞》。

米芾说到顾恺之《维摩天女》和《女史箴图》时说:"以上华彩生动,髭发秀润。"

元朝的汤垕在《画鉴》中说:"顾恺之画像春蚕吐丝,初见甚平易,且形似时有所失。细视之,六法兼备,有不可以语言文字形容者。其笔意如春云浮空,流水行地,皆出自然。渲染人物容貌,以浓色微加点缀,不求晕饰。"

明、清时期,对顾恺之的评论资料较少,深刻而有见地的就更不多。大都只是人云亦云,对顾恺之的推崇则到了顶点。有尊他为"画圣"的,有称他为"画祖"的。而且很多人一提"画圣"还有只认顾恺之,不认吴道子的。

近代以来,对于顾恺之的生平和艺术才有了更广泛的研究。其中如潘天寿、俞剑华、温肇桐等前辈更作了非常深入的研究。

2005 年,由山西师范大学袁有根教授等作为国家艺术科学"九五"规划课题研究成果,出版了洋洋 38 万字的《顾恺之研究》一书。更加系统而详细地对顾恺之作了全面的研究分析。不仅回答了一些长期悬而未决的问题,而且对很多问题作出了明确而有根据的回答。如对《女史箴图卷》认定为顾恺之的真迹,这是很有魄力之举。但建议袁教授等,是否在国家的支持下,可以到伦敦大英博物馆去实地考察一下原物,或者可能发现一些更有说服力的证据。

关于顾恺之的历史地位和他对后世的影响,历史上有多种看法。时至今日,这些不同看法仍然存在,也不需要一定去求得统

一。见仁见智，问题可以争论下去。

顾恺之是我国东晋时期历史上一个承上启下的伟大画家，他在绘画创作中首先提出"传神论"，把传神作为绘画创作中一种自觉地、有意识地追求的主要目标，并将其上升到理论的高度。千余年来，它不断地发展、充实、完善，成为指导中国绘画创作（包括山水画和花鸟画，以至于其他文艺创作领域）的中心支柱。顾恺之在追求神的同时，并不忽视对形的要求。以形写神，形神兼备始终是中国画创作的最高追求目标。当前在中国画创作中，出现的以丑为美，以丑为时尚的一些倾向，既不求形似，更不求神似的倾向，与顾恺之的主张相距何止十万八千里！

顾恺之的"传神论"，以及与此相配套的如"以形写神"、"迁想妙得"、"临见妙裁"、"玄想则不待喻"等一系列美学思想，对于我们的文艺创作，仍然具有深刻的现实指导意义。

十六、家谱之疑和顾墓何处

1. 旧新家谱添疑案

在关于研究顾恺之的各类文章中，众口一词：顾恺之是顾雍的后代。

也许就是因为研究顾恺之的这方面的史料太缺，未免人云亦云。

在无锡的几部顾氏家谱中，有一部由明朝大学问家顾可久先生（1485—1561）于嘉靖三十二年（1553）修撰的《无锡顾氏宗谱》，却另有一说。顾可久为了有所区别，把原来的家谱称为"旧谱"，把自己重新修改过的《顾氏宗谱》称之谓"新谱"。

他在编修这部《新谱》中，根据他掌握的材料，"改正"了不少"错误"。对于"改正"的情况，在"序言"中也有作了说明的。但是在顾恺之的世系方面，未知根据什么，作了很大的改动，却既未作出任何说明，更无提出可靠依据。

现我把旧新两谱有关顾恺之的传承关系，分别列表摘录于下：

《旧谱》：向——雍——邵（略）

济（略）

穆—荣—毗—悦之—恺之—玄—承贞

徽—容（略）

淑—悌—（略）

《新谱》：史—雍—邵—（略）

济—（略）

穆—荣—毗—台

咨—思远—逊叔

敬叔

徽—容—相—范—和（略）

向—悌—（略）

莘望—悦之—恺之—玄—承贞—士雅—琬

士服

　　从《新谱》中可以看出：（1）顾雍已不是顾恺之的直系祖先，而成了他的五世伯祖；（2）根据《旧谱》顾毗原是悦之父亲，现在成了悦之的堂兄弟辈；（3）顾荣在《旧谱》中原是恺之曾祖，现在他的曾祖却叫顾莘望，此人未找到任何资料；（4）顾恺之《旧谱》上只到孙子——承贞，后面就失考了，《新谱》却又增加了两代，顾士雅、顾士服和顾琬。（5）尤其离谱的是：顾向原是顾雍之父，在《新谱》中却成了顾雍的堂侄子、恺之的曾祖。未知所据何来？

　　顾可久（1485—1561），无锡人，字与新，号前山，别号洞阳。正德九年（1514）进士。他既是诗人，又是著名的谏官。由

于他耿直敢谏，曾两次给皇帝打了"屁股"。也因此很不受朝廷的喜欢。后来被安排到广东，当了个按察副使，兼管海南防务。他在海南经常深入基层，体察民情，政声甚佳。他多次在海南支持过乡试，发现了很多有用之才，海瑞就是最著名的一个。后来辞官回了无锡。

顾可久病逝后，海瑞奏请捐俸在惠山为他建祠。次年祠成，海瑞还亲临谒祠，并作《谒先师顾洞阳公祠》诗。现此祠尚在。

我们不是要搞什么"血统论"，非得把顾恺之往大名人顾雍、顾荣等身上拉。但历史资料不能随意去更改。尤其这位大学问家顾洞阳先生，你要修改家谱，改就改吧，但总该拿出点"证据"，以昭示后人。现在这样一改，却更让后人摸不到头脑。历史上平白地又增加了一宗悬案、疑案。

我请教过上海、无锡等地的很多专家、学者，都说未见有其他史料说顾恺之不是顾雍之后。无锡这一本顾氏《新谱》这一说法，尚属第一次听到。在此顺便提出，以就教于更多的知情之士。

2. 今日何处寻顾墓

讲到无锡与顾恺之的关系，还不得不说说顾恺之的墓葬到底在哪里？

前两年，平面媒体和互联网上，连篇累牍，炒得沸沸扬扬，说是在昆山某地发现了一座"顾恺之墓"。并说在"东晋安帝义熙年间，大画家顾恺之因不愿为官，长年隐居于此。说得有鼻子有眼，煞有其事。而且准备要召开国际研讨会云云。

当时我听了只是一笑，我对无锡的同道们说：无锡顾恺之墓，证据确凿，要立个碑什么的都那么困难。现在顾恺之的墓到了昆

山，那不是很好吗！省得我们再去作考证，立提案，东奔西走提意见了。不过，昆山这个顾恺之墓恐怕站不住，不出两年，销声匿迹。我不是先哲，但我有根据：（1）昆山是顾氏的发祥地，昆山出过很多顾姓的大人物，但从未见昆山与顾恺之有瓜葛的史料。（2）顾恺之在义熙初，被提拔为员外散骑常侍时，对安帝感恩戴德，还写了一个感激涕零的奏折，他一直在官场上周旋，直到死。哪能为了不想做官而隐居到昆山去的道理！再说，《晋书·顾恺之》传记得明白："卒于官。"并没有隐居到昆山。（3）昆山有个顾顗之（391—467），字伟仁。小顾恺之四十多岁，在南朝宋时当过山阴令，吴郡太守、湖州刺史，写过一部著作《定命论》。在很多历史材料中，他的名字老与顾恺之搞混。甚至元朝王仁辅在编撰《无锡志》时也说顾恺之"事并见《晋书》及《南史》"，其实《晋书》中的确是顾恺之，而《南史》中却是顾顗之。所以昆山此墓倒很可能是顾顗之墓。毕竟顾顗之也是一位历史人物，决不能与顾恺之因名字相近而搞混淆，埋没了昆山的这位先贤。

元朝王仁辅撰的《无锡县志》，因被乾隆收录于《四库全书》中，而保留至今。

书中关于顾恺之的资料里，记载有这么一条："今州（元朝曾升无锡县为无锡州）巷直南至将军堰桥，桥西北岸，旧有巫枢密故居，相传其地为顾恺之将军墓。至元元年，巫氏子孙偶㘞地，得人骨甚长，头颅亦大。"

所谓"州巷直南到将军堰桥"，就是正对着衙门的那条向南的大街，一直通到将军堰桥，即今学前街与健康路交叉处。

学前街原本是流经孔庙前东西向的一条河，又一直经西水关汇入梁溪河。现在城市改造中已填平为路。

西水关内原有一处堤堰，传说是隋末起义军首领之一，单雄信用槊止水处，后修成一堤，取名"将军堰"。上面有一座桥，就是将军堰桥，当地人简称之为堰桥。传说故事，不足为信。压根儿单雄信也从未到过无锡。

堰桥西北岸，旧有巫枢密故居。巫枢密，何许人，未找到此人的有关资料。现在该处是清朝著名外交家薛福成故居——钦使第。巫家子孙把人家的骨头都刨出来了，时间肯定在元朝或之前。当然，那是不是就是顾恺之的遗骨，现在也无从说起。但王仁辅给我们留下的这个十分珍贵的信息："相传其地为顾恺之将军墓。"后人是十分庆幸和感激的。

元朝王仁辅在撰这部志书时，正值元成宗元贞二年（1296），无锡县升为"中州"，所以，书中行文都称之谓"州"。但到明太祖洪武二年（1369），又改回无锡县。这本志书书名仍称《无锡县志》，而没有称《无锡州志》，因书成印刷时，已经是明朝又改为无锡县之故。书中确实保存了不少珍贵史料。

但书中也有不少王仁辅的主观臆断和错误之处，有时就有一些自相矛盾的说法。如一方面他承认："堰桥西北岸"相传其地为顾恺之将军墓。"但又说：那不是顾恺之墓，因顾恺之没有当过"将军"。而在南兰陵郡（晋元帝侨置，即今常州市）范围内的人，获赠过前将军的，只有晋、宋间的萧源之。王仁辅在文中武断地称，这应该是"宋、萧将军墓"，但又说"诸史传并不载"。既然相传"其地为顾恺之将军墓"，怎么把个"诸史传并不载"的萧源之墓又拉到此地来呢？

无锡虽属于当时的晋陵郡管辖，但萧源之与无锡可说是风马牛不相及。而且此人长期在外地做官（中书黄门郎、徐兖二州刺

史、南琅琊太守等），死后怎么会葬到无锡城中来了呢？

问题还有：既然"诸史传并不载"，那怎么又可以毫无根据地就认定这就是"宋、萧将军墓"呢？他还说："《晋书》顾恺之官至散骑常侍，未尝为将军，其墓为萧源之所藏无疑，不可不辨。"顾恺之生前，是未当过将军，但顾氏长期在军队供职，家乡人民昵称他为"虎头将军"，可以理解。但此公信口开河，矛盾百出，做学问如此随便，还说"不可不辨"，真正羞煞人也！

但是无锡人民并未因此人是倪云林的老师而买他的账。其后七百多年来仍然认定，那里原来就是顾恺之墓。直到上世纪八十年代，无锡一些八、九十岁的老画家一讲起来，仍然肯定顾恺之墓的确切位置，就在薛福成故居一带。著名花鸟画家，时年九旬的唐原道先生更是说，小时候上学，放学时从孔庙到西水关一带玩，还曾见到有一《虎头将军顾恺之墓》的石碑呢。

顾恺之生前虽是声名显赫，但死后却碰上了不少倒霉事，前面说到的家谱被改就是一例。这里不说他的墓给人家刨了，连长期传说的墓葬处都给人无故否定了。真正是有亏于这位为无锡人引以为骄傲的先贤啊！

附录：顾恺之年表

（此表录自温肇桐先生《顾恺之新论》一书，作者稍作补充）

公元	帝王名	庙名	年号	年	干支	岁	事　略	有关链接
348	司马聃	穆帝	永和	四	戊申	一	生于晋陵无锡	八月加桓温征西大将军，开府。
349				五	己酉	二		
350				六	庚戌	三		殷浩为中军将军，督扬、豫等州
351				七	辛亥	四		七月，族叔顾和卒，年六十四。
352				八	壬子	五		王羲之遗书殷浩、会稽王司马昱，谏北伐。桓温为太尉。
353				九	癸丑	六		王羲之兰亭修禊。殷浩北伐败。
354				十	甲寅	七		殷浩以罪免为庶人，徙信安。桓温第一次北伐粮尽引还。
355				十一	乙卯	八		
356				十二	丙辰	九		殷浩卒。桓温二次北伐，克洛阳。

公元	帝王名	庙名	年号	年	干支	岁	事　略	有 关 链 接
357			升平	元	丁巳	十		
358				二	戊午	十一		
359				三	己未	十二		
360				四	庚申	十三		封桓温为南郡公。秋,桓温以谢安为征西将军。
361				五	辛酉	十四		五月,司马聃卒,琅琊王司马丕即位。
362	司马丕	哀帝	隆和	元	壬戌	十五		
363			兴宁	元	癸亥	十六		二月,改元兴宁。五月,加桓温侍中、大司马,都督中外诸军事,录尚书事,假黄钺。诏移陶官于淮水北,遂以南岸窑处之地赐僧慧力,造瓦官寺。
364				二	甲子	十七	瓦官寺初建,恺之于中闭户月余,画维摩诘一躯于壁上,工毕,及开户,光照一寺,施者填咽,俄而寺僧得百万钱。	桓温为扬州牧,谕温入朝,温不从。秋七月,复征入朝;八月温至赭圻,遂城而居之。

177

续表

公元	帝王名	庙名	年号	年	干支	岁	事 略	有 关 链 接
365				三	乙丑	十八	桓温镇江陵,恺之时为客,随桓温出江津望之。	三月,司马丕卒,琅琊王司马奕即位。
366	司马奕	废帝	太和	元	丙寅	十九	被桓温引为大司马参军。	敦煌始凿莫高窟。
367				二	丁卯	二十		
368				三	戊辰	二一		
369				四	己巳	二二		桓温第三次北伐,至枋头,粮运不继,大败而归。桓玄生。
370				五	庚午	二三	每为桓温请论书画。	羊欣生。
371	司马昱	简文帝	咸安	元	辛未	二四		十一月,桓温入朝,废司马奕帝位,封为东海王,迎会稽王司马昱入宫即位,改元咸安。
372				二	壬申	二五		殷浩将改葬,顾悦之上疏理浩,复浩本官。七月,司马昱卒,太子曜即位。
373	司马曜	孝武帝	宁康	元	癸酉	二六	恺之哭桓温。	七月,桓温卒,年六十二,谥宣武。桓冲都督扬、豫、江州军事,谢安为仆射。
374				二	甲戌	二七		
375				三	乙亥	二八		谢安领扬州刺史,宗炳生。禁老庄图谶之学。

续表

公元	帝王名	庙名	年号	年	干支	岁	事　略	有 关 链 接
376			太元	元	丙子	二九		正月，谢安领中书监，录尚书事。
377				二	丁丑	三十		以朱序为梁州刺史，镇襄阳。七月，谢安督扬、豫等州军事。十月，以桓冲都督江、荆等州军事，谢玄监江北军事。
378				三	戊寅	三一		戴颙生
379				四	己卯	三二		二月，前秦陷襄阳，朱序被执，王羲之卒，年五十九。
380				五	庚辰	三三		谢安为卫将军，与桓冲并开府仪同三司。
381				六	辛巳	三四		正月，立佛精舍于内殿。僧慧远入庐山。
382				七	壬午	三五		前秦以符融为征南大将军。
383				八	癸未	三六		淝水之战，冬，进谢玄为前将军。
384				九	甲申	三七		三月，谢安为太保，继加谢安都督十五州军事，假黄钺。冬，加谢玄都督七州军事。桓冲卒，年五十七。
385				十	乙酉	三八		谢安镇广陵，八月卒，年六十六，谥文靖。
386				十一	丙戌	三九		王献之卒，年四十三。（一作太元十三年卒，年四十五）

续表

公元	帝王名	庙名	年号	年	干支	岁	事　略	有　关　链　接
387				十二	丁亥	四十		正月，以朱序为青、兖州刺史，镇淮阴。谢玄为会稽内史。五月，征处士戴逵不至。谢瞻生。
388				十三	戊子	四一		谢玄卒于正月，谥献武。
389				十四	己丑	四二		
390				十五	庚寅	四三		二月，以王恭都督青、兖等州军事。僧慧远在庐山东林寺立白莲社。
391				十六	辛卯	四四		
392				十七	壬辰	四五		为殷仲堪参军　十一月，殷仲堪都督荆、益、宁州军事。顾颛之(伟仁)生。
393				十八	癸巳	四六		
394				十九	甲午	四七		
395				二十	乙未	四八	与桓玄、仲堪等作了语危吾。	
396				二一	丙申	四九	向殷仲堪借布帆请假还东。	七月，瓦官寺焚。九月，贵人张氏潜怒，向夕，司马曜醉，遂暴卒。太子司马德宗即位。戴逵卒。
397	司马德宗	安帝	隆安	元	丁酉	五十	约在此顷作《女史箴图卷》。	

续表

公元	帝王名	庙名	年号	年	干支	岁	事 略	有 关 链 接
398				二	戊戌	五一		殷仲堪以绢书内箭遗王恭,九月,王恭卒。桓玄为江州刺史。
399				三	己亥	五二		殷仲堪为桓玄战败,被逼自杀。孙恩于海岛起义。
400				四	庚子	五三		诏桓玄都督荆、江八州军事,荆、江州刺史。王珣卒,年五十二。
401				五	辛丑	五四		孙恩攻克丹徒,卢循、徐道复克永嘉,孙恩为刘裕所败。
402			元兴	元	壬寅	五五		正月,以尚书令司马元显为征讨大都督,加黄钺讨桓玄。桓玄败王师于姑孰,自为侍中、丞相,杀会稽王司马道子。刘牢之降玄,旋自缢卒。
403				二	癸卯	五六		春,桓玄自为承相。九月,自为相国,封楚王,加九锡。十一月,废司马德宗为平固王迁于浔阳,玄自称帝,改元永始。桓玄以轻舸载书画,又假蒲博取人书画田宅。刘义庆生。

续表

公元	帝王名	庙名	年号	年	干支	岁	事　略	有关链接
404				三	甲辰	五七		刘裕推武陵王司马希子，司马遵承制行事。五月，刘毅等战桓玄于峥嵘州，大破之。玄复挟司马德宗入江陵，宁州都督冯迁击玄，并杀之，时玄年三十六。司马德宗复位。
405			义熙	元	乙巳	五八	为散骑常侍，与谢瞻连省，夜于月下长咏。	二月，安帝东迁，四月以刘裕都督十六州军事，出镇京口。征戴勃为散骑常侍，不起，后卒。
406				二	丙午	五九		十月，论匡复之功，封赏车骑将军刘裕为豫章郡公。
407				三	丁未	六十		
408				四	戊申	六一		正月，刘裕自为扬州刺史，录尚书事。忠敬王司马遵卒，年五十二。
409				五	己酉	六二	为刘裕北伐南燕作《祭牙文》。旋卒。	四月刘裕誓师北伐南燕帝慕容超。

附 图

《维摩诘像》选自敦煌
莫高窟 103 洞

《维摩诘像》唐　吴道子〔传〕

顾恺之的《维摩诘像》早已湮灭无存，特录入敦煌壁画和传为吴道子画
的《维摩诘像》以飨读者。

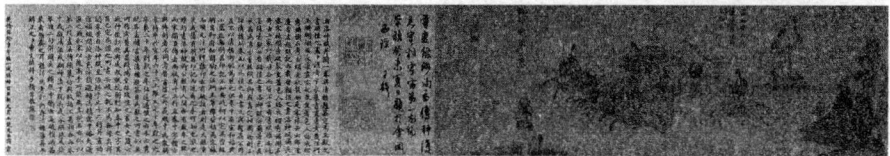

《列女仁智图卷》　顾恺之（传）绢本设色　25.8×470.3cm　北京故宫博物院藏

《洛神赋图卷》（1）　顾恺之（传）绢本设色　27.1×572.8cm 北京故宫博物院藏

《女史箴图卷》　顾恺之〔传〕绢本设色　21×350cm　英国伦敦大英博物馆藏

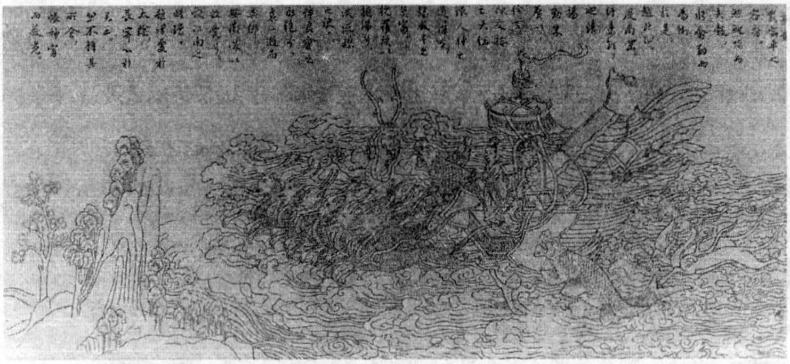

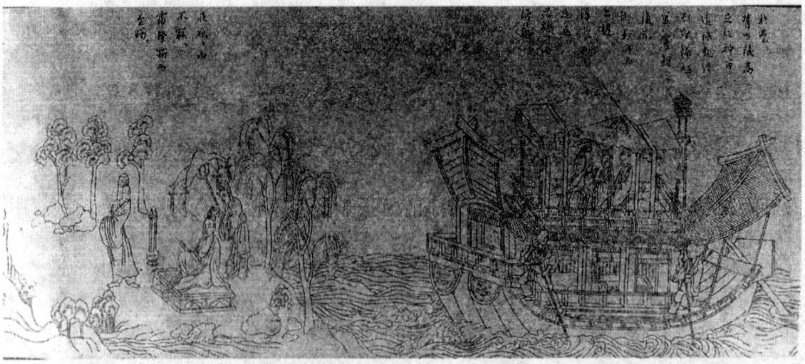

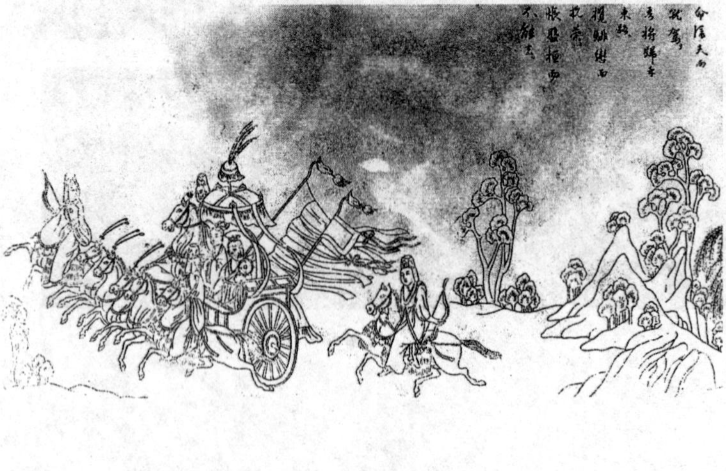

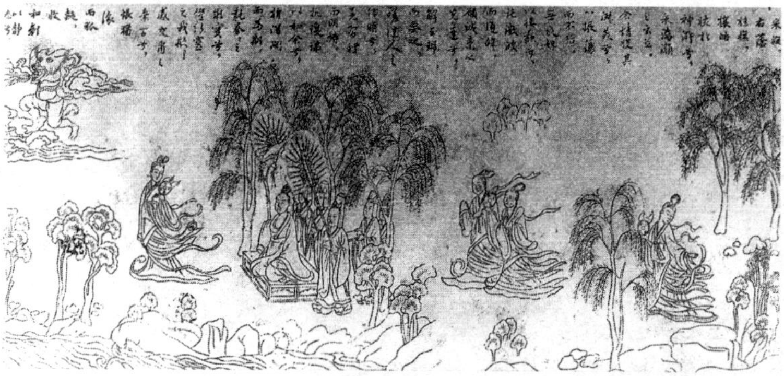

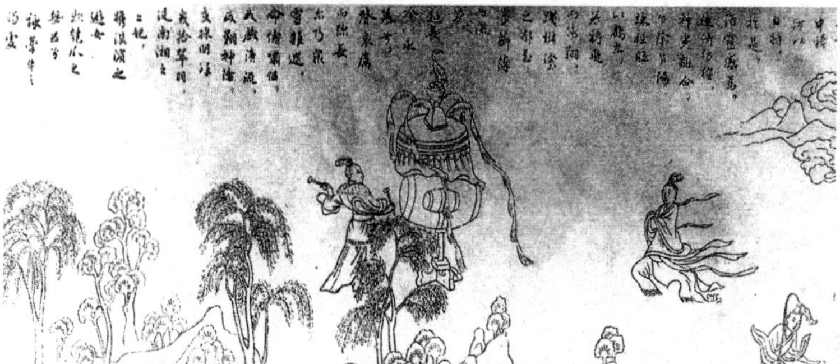

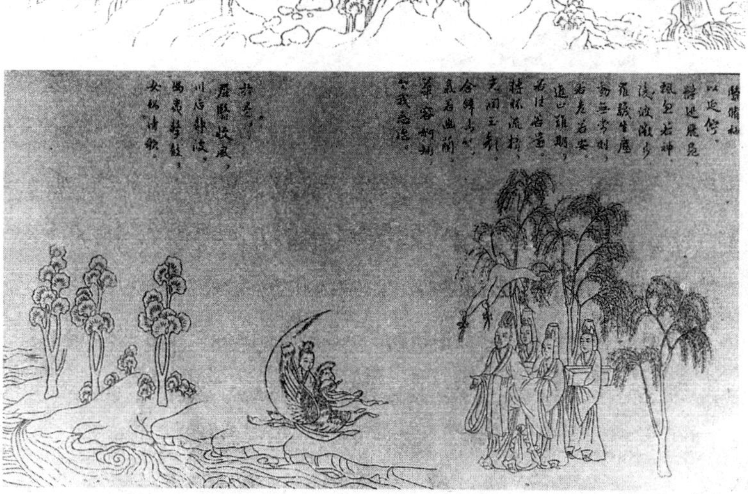

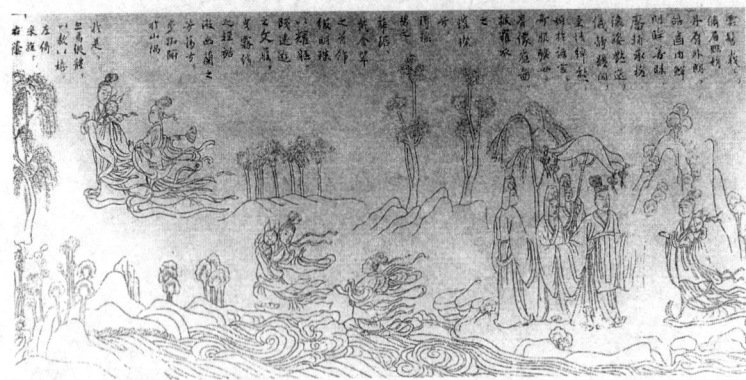

顾恺之像

晉虎頭將軍愷公之像

虎頭公像

惇敍堂

公諱愷之字長康爲虎頭將軍博學
有才氣善丹青桓溫見而悅之引爲
大司馬參軍謝安特深重之愷之畫
有著生以來所無人稱爲三絕謂才
絕畫絕癡絕也桓溫嘗曰愷之體中
痴黠各半合而論之正得平耳胄子
立

《无锡顾氏宗谱》. 顾恺之像及像赞

（以下几幅是洛神赋图卷的白描资料可作为正文中的补白酌用）

乙亥年秋
梁溪王梅青摹
九口花人王述庵题

顾恺之画壁点睛图（王梅青画）

作 者 简 介

王梅青（1934—），无锡市江溪桥人。现任无锡市顾恺之研究会秘书长，无锡市华侨书画院副院长，江苏省华侨书画院理事，江苏省美术家协会会员。

1951 年随著名年画家杨馥如先生学画，并受教于亚明、钱松岩、谢海燕诸先生。

1952 年参加无锡市人民美术工场工作，与馥如先生合作，发表年画、漫画、连环画等。

1955 年调入空军工程兵部队，任美术工作员；

1963 年调昆明军区空军政治部任美术创作员、文化干事。曾在军内外报刊、展览会发表过大量美术、摄影作品，并为部队培养了 200 余人次的美术、摄影骨干。

1977 年转至外贸部无锡印刷厂，从事立体画片的设计试制工作和包装装潢设计。所作彩塑人物，别具特色，被外事部门选送澳大利亚、新加坡、香港等贵宾。

1993 年参与筹建无锡市顾恺之研究会，历任秘书长。除日常会务外，撰写了一批较有分量的文章，发表于各种报刊。为中央人民广播电台写了有关顾恺之的专题向海外介绍。

主编有《顾恺之研究文集》《顾恺之画迹》，出版有《王梅青画集》等。传略收入《中国当代美术家人名辞典》《中国当代文艺界名人辞典》《世界名人辞典》（香港版）等多种辞书。

后 记

　　我自小喜欢画画，由于家里穷，只能拣些香烟壳之类的废纸涂抹。我家离学校很近，学校打扫卫生倒出来的垃圾里，经常可以翻拣到像橄榄核一样的铅笔头，偶尔还可以拣到废毛笔和小的像豆瓣一样的小墨块……有次在草丛里拣到一个鸡蛋，到镇上小店里换来一整张有光纸，这一下可牛了，我连画了几张"大"画，贴在家里墙上，开起了"展览会"。后面东浜上的木匠阿菊看了，直说"梅青画的人真神了，你看，不管你走到那里，画上人的眼睛一直跟着你看。"当时对我来说，那是多大的鼓励啊！从此，我对画画，就更着了迷。

　　1951年，通过关系，我师从著名年画家杨馥如先生学画。三四年间，年画、连环画、宣传画，倒也接二连三问世。其间还要感谢亚明、钱松岩、谢海燕和诸健秋、孙葆蕬诸先生的循循教诲。让我在当时无锡以至江苏的美术界初露头角。老先生们至今都已先后作古，我却常常怀着感恩之心，时时怀念着他们。

　　1955年，我作为一个美术青年又被调入空军工程兵部队，搞了八年多的国防工地的美术宣传工作。主要是用铁笔和鼠须笔画幻灯片、用大排笔画宣传画和电影海报之类。偶尔也搞点创作，发表于各种报刊和各级展览会。后来被上级机关发现，调到昆明空军政治部，

搞了一年多美术创作，后又让我改行当了文化干事。无非就是吹拉弹唱、打球照相，放映电影、演出经常，迎来送往、带头鼓掌，分发器材、务求妥当，上下奔走、别出异常……事体虽小，但十几年却一直是"阶级斗争"的风口浪尖，倒也未出什么问题。画却画得少了。

回到地方，又在企业里摸爬滚打了十几年。但对画画一道，终未释怀。我是画了六十多年，学了六十多年，终未入流。至今仍只是绘画界里非鸟非兽的"蝙蝠"！

顾恺之是无锡人，我也是无锡人；顾恺之是历史上的绘画大家，我也算会画两笔的爱好者。因为如此，跟着老前辈们摇旗呐喊搞了十五、六年的顾恺之研究。现在自己也已年老多病，脑子里存了点的东西再不挖出来，将来与己同焚，真会死不瞑目！这就是继我 2005 年编印 50 余万字的《顾恺之研究文集》和 2008 年编印《顾恺之画迹》之后，算是又一关于研究顾恺之的成果吧。但它确也是我从事顾恺之研究十五年的心血结晶。前两种书，因为种种原因而未公开出版发行，只作内部参考和交流之用，更未卖过一本。现在网上有人卖到六七十元、八十元一册，那应说是非法的。

在写作此书时，由于自己初学电脑，汉语拼音又不熟，只能在电脑上用手写系统边写边改。有些问题解决不了，还得经常"不耻下问"，向我小女儿王蕾请教。写作期间，妻子杨韵仙以年老多病之躯，全面负担了家务，支持我安心写作，我当铭记感恩在心。

书已出来了，但仍感有很多不足之处，敬请广大读者和海内外专家学者，不吝指教。

王梅青

公元 2009 年 10 月时值顾恺之逝世 1600 周年